序

FOREWORD

信凯同志托我为他担任总主编的"'大国三农'系列丛书"作序，翻阅书稿后，欣然提笔，因为这套丛书从立意到内容都打动了我。

大国三农，这个丛书名字气势磅礴，说明策划编写立意高远。"农者，天下之本也。"重农固本是安民之基、治国之要。"三农"问题不仅事关人民群众的切身利益，同时也关系到社会的安定和整个国民经济的发展。正如习近平总书记指出："我国13亿多张嘴要吃饭，不吃饭就不能生存，悠悠万事，吃饭为大。"他还强调："我国是个人口众多的大国，解决好吃饭问题始终是治国理政的头等大事。"

新中国成立70年，尤其是改革开放以来，我国的"三农"事业发展取得了举世瞩目的成就。全国粮食总产量接连跨上新台阶，特别是近五年来，我国粮食连年丰收，产量已稳定在1.2万亿斤以上，解决了13亿人的温饱问题；肉类人均占有量已超过世界平均水平，禽蛋达到了发达国家水平，"吃肉等过节"已经成为历史；农村贫困人口持续减少，2018年贫困发生率下降到了1.7%；农业现代化水平大幅提高，农业科技进步贡献率达到56.65%，靠天吃饭逐渐成为历史……

但是，我们也应该清晰地看到，我国农业的基础仍然比较脆弱，正如习近平总书记强调："一定要看到，农业还是'四化同步'的短腿，农村还是全面建成小康社会的短板。"在大国小农的背景下，如何让农业成为有奔头的产业，让农民成为有吸引力的职业，让农村成为安居乐业的美丽家园，这套丛书给出了清晰的答案：乡村振兴战略为农业农村的未来发展描绘了宏伟而美好的蓝图；把饭碗牢牢端在自己手上，保障国家粮食安全；加强从田间到餐桌的风险治理，确保舌尖上的安全；培育壮大新型农业经营主体，解决未来谁种地的问题；建设美丽乡村，改善农村人居环境；给农业插上科技的翅膀，用科技创新驱动农业现代化；培育新产业、新业态与新机制，为农业农村发展提供新动能。

以信凯同志为首的丛书作者都是高等院校的中青年专家，有着丰富的研究功底和实践经验，对丛书内容的把握深浅得当，既有较强的理论性，也有丰富的实践性；表达叙述做到了用浅显易懂的语言把复杂问题讲清楚；图说、数说、声音、案例等多种多样的辅助性材料使得内容鲜活生动，避免了枯燥的说教。整套丛书对我国农业农村的整体情况进行了全景式展现，尤其是对党的十八大以来农业农村发展的新成就进行了总结，对"三农"事业的未来发展做出了前瞻性展望。

毫不夸张地说，现在的农业早已不是过去的样子了，从事农业工作再也不是"面朝黄土背朝天"了，农业是最有发展前景的行业，未来的发展方向是机械化、信息化、智能化，甚至要艺术化。现在的年轻人，尤其是学习农业专业的青年学生们，一定要了解我国农业农村的现状和未来，树立自信，从事农业不仅大有可为，而且是大有作为；一定要打心底里懂农业、爱农业，志存高远，为国家和社会的发展和进步奋斗，这样的人生才有意义。

民以食为天，食以稻为主。从而立至耄耋，我为水稻育种事业和人类温饱问题奋斗了几十年，无怨无悔，矢志不渝。我有两个梦：一个是禾下乘凉梦，

『十三五』国家重点出版物

『大国三农』系列丛书

给农业插上科技的翅膀

——科技创新与农业现代化

吴东立　施　雯　高凌云　等◎编著

中国农业出版社

北　京

图书在版编目（CIP）数据

给农业插上科技的翅膀 ：科技创新与农业现代化 / 吴东立等编著. —北京 ：中国农业出版社，2020.4
（"大国三农"系列丛书）
"十三五"国家重点出版物
ISBN 978-7-109-26595-0

Ⅰ．①给… Ⅱ．①吴… Ⅲ．①农业现代化－现代化建设－研究－中国 Ⅳ．①F320.1

中国版本图书馆CIP数据核字（2020）第030704号

给农业插上科技的翅膀——科技创新与农业现代化
GEI NONGYE CHASHANG KEJI DE CHIBANG—
KEJI CHUANGXIN YU NONGYE XIANDAIHUA

中国农业出版社出版
地址：北京市朝阳区麦子店街 18 号楼
邮编：100125
责任编辑：武旭峰
版式设计：北京八度出版服务机构　　责任校对：吴丽婷
印刷：北京通州皇家印刷厂
版次：2020 年 4 月第 1 版
印次：2020 年 4 月北京第 1 次印刷
发行：新华书店北京发行所
开本：700mm×1000mm　1/16
印张：11
字数：155 千字
定价：64.00 元

梦想试验田里的超级杂交稻长得有高粱那么高、稻穗有扫把那么长、谷粒有花生米那么大，我坐在禾下悠闲地纳凉；另一个是杂交稻覆盖全球梦，希望全世界不再有饥荒，人类不用再忍受饥饿。

我始终坚信，在党和国家的高度重视和坚强领导下，充分发挥社会主义制度优势，不断激发"三农"工作者的积极性、创造性和主动性，通过汇集全社会的磅礴力量，农业强、农村美、农民富的壮美图景必将早日实现。

实现"中国梦"，基础在"三农"。

谨以为序。

袁隆平

2019年5月

前 言
PREFACE

新中国成立70年来，我国农业发展取得举世瞩目的成就。农业生产力得到极大解放，农产品产量大幅度增长，实现了供求的基本平衡，丰年有余；农业的基础条件和物质装备技术水平得到极大改善，农业综合生产能力大幅提高；农民收入持续增长，生活水平显著改善。而站在新的历史阶段，必须更加清醒地认识到我国农业发展面临的新形势、新问题、新任务。这主要表现在城镇化进程中人地矛盾更加突出、农业供给侧结构性改革任重道远、农业发展面临的资源环境与市场双重约束趋紧、农业发展的质量与效益有待提升、农业农村现代化进程需要加快推进等方面。此外，全球新一轮农业科技革命方兴未艾，农业产业变革不断加剧。我国农业发展已经到了必须更加依靠科技进步，实现创新驱动发展的新阶段。

党的十九大做出了实施乡村振兴战略，加快推进农业农村现代化的战略部署。乡村振兴，产业兴旺是基础、是根本、是重点。习近平总书记多次指出，农业出路在现代化，农业现代化关键在科技进步，要给农业插上科技的翅膀。农业科技是确保国家粮食安全的基础支撑，是突破资源环境约束的必然选择，是加快现代农业建设的决定力量。农业科技创新作为提高农业综合生产能力和农业产业综合竞争力的战略支撑，必须摆在"三农"事业发展全局的核心位置。

本书紧紧围绕科技兴农，加快推进我国现代农业建设这一主题，结合党的十八大以来我国农业创新驱动发展过程中的新思想、新论断、新部署、新进展，对新时代中国特色农业现代化的道路上如何给农业插上科技的翅膀有关的一系列热点和难点问题进行了阐述解读。主要包括以下几个方面的内容：第一，农业科技与农业现代化的内涵解读；第二，农业科技革命与中国特色的农业现代化道路；第三，新时代我国农业科技创新的目标及方向；第四，新时代我国农业科技创新的重点领域；第五，新中国成立70年来我国农业科技发展成就；第六，新时代农业科技发展展望。

本书在编写过程中参阅了大量的文献和资料，参考文献中所列可能存在疏漏，在此特别声明并致谢。本书编写工作由沈阳农业大学吴东立教授主持，各章参与编写者分别为：谢凤杰、吴东立、高凌云编写第1部分，施雯编写第2部分，段丽娜编写第3部分，秦琳贵编写第4部分，蒲红霞、施雯、池丽旭编写第5部分，施雯、高凌云、吴东立编写第6部分。同时，感谢沈阳农业大学张玉麟教授以及经济管理学院博士生张涵，硕士生肖彬、宫美等人在资料收集和写作中给予的协助与支持，感谢中国农业出版社组织的审稿人和本套丛书其他编者给予的指导与帮助。

本书作为农业科技与农业现代化的通俗读物，可用作高等院校和职业院校国情农情教育教材，也可作为农业生产者、管理者与农技推广人员的参考用书。限于编者时间和水平，书中难免有不妥之处，敬请读者批评指正。

编著者

2020年01月

目 录
CONTENTS

1 科技兴农 永远在路上
——如何理解"给农业插上科技的翅膀"

国以农为本，民以食为天。农业是国民经济的基础，粮食安全事关国家生存。中国是农业大国，更是人口大国。而我国农业生产资源十分有限，中国的耕地仅占全球的9%，淡水资源占全球的6%，而人口占世界的18%。要养活14亿人口，实现农业现代化，我国农业发展的唯一途径就是大力发展农业科技，走创新驱动发展之路。农业的出路在现代化，农业现代化的关键在科技进步。

党的十九大报告提出实施乡村振兴战略，加快推进农业农村现代化。产业兴旺是乡村振兴的根本出路，而"创新是引领发展的第一动力，是建设现代化经济体系的战略支撑"。新时代我国农业发展进入一个新的阶段，要破解难题、突破约束、消除瓶颈，加快推进农业现代化建设，根本出路在科技，最大潜力在科技，强劲动力在科技。党的十八大以来，"创新驱动发展"成为国家战略，科技创新被摆在国家发展全局的核心位置。更加依靠农业科技创新，是新时代中国农业现代化道路的必然选择。

1.1 农业科技怎么看

科技强则农业强，科技兴则产业兴。2012年中央一号文件，聚焦农业科技，以"加快推进农业科技创新，持续增强农产品供给保障能力"为主题，提出实现农业持续稳定发展、长期确保农产品有效供给，根本出路在科技；同时首次明确了农业科技"三是三性"的定性定位，即农业科技是确保国家粮食安全的基础支撑，是突破资源环境约束的必然选择，是加快现代农业建设的决定力量，具有显著的公共性、基础性、社会性。

解读

中央一号文件

中央一号文件原指中共中央每年发布的第一份文件。1949年10月1日，中华人民共和国中央人民政府开始发布《第一号文件》。现在已成为中共中央重视"三农"问题的专有名词。中共中央在1982—1986年连续5年发布以农业、农村和农民为主题的中央一号文件，对农村改革和农业发展作出具体部署。2004—2020年又连续17年发布以"三农"（农业、农村、农民）为主题的中央一号文件，强调了"三农"问题在中国社会主义现代化时期"重中之重"的地位。

1.1.1 科技是现代农业发展第一生产力

农业科技是农业科学和农业技术的简称，两者相互关联，密不可分。农业科学揭示农业发展中各种现象的本质规律，农业技术是农业科学在农业生产中的实际应用。总的来看，农业科技是揭示农业生产领域发展规律的知识体系及其在生产中应用成果的总称。美国著名的农业经济学家舒尔茨在《改造传统农业》一书中提出，改造传统农业的关键是要引入新的现代农业生产要素，即技术变化。我国改革开放的总设计师邓小平同志也曾指出："科学技术是第一生产力"。农业科技进步在现代农业发展过程中，起着十分重要的推动作用，它渗透于生产力三要素之中，成为提高农业生产效率和农产品质量，降低资源消耗的农业经济内涵型增长的关键。具体表现在：一是不断提供先进的农业机具和其他技术装备，不断提高和改善现有的生产技术装备水平，从而提高劳动生产率、生产规模效益及投入产出比；二是不断提供高质量的生产资料，如种子、化肥、农药，不断开发新的生产资料和新能源，从而提高资源的生产效率；三是改善和提高农艺技术水平，并逐步代替旧技术；四是提高劳动者素质；五是提高生产力要素的组合功能。生产力系统效能的高低，不仅取决于各构成要素，而且取决于构成要素的组合状态。科技作为农业生产中最活跃的决定性因素，起着渗透、凝聚、调度、组合、控制其他生产力要素的作用，不仅提高劳动资料、劳动对象的性能和劳动者素质，而且可以使三者在新水平下实现更佳组合。

经过改革开放40年的快速发展，我国已经进入必须更加依靠科技进步促进现代农业发展的历史新阶段。农业科技已经成为我国农业生产力发展中最具有活力、最具有潜力、最具有决定意义的因素。

（1）农业科技是确保国家粮食安全的基础支撑。

手中有粮，心中不慌。任何时代，粮食都是人类食品的主体。我国是一个有着14亿人口的大国，一旦严重缺粮，不仅是中国的灾难，也是世界的灾难。中国的粮食安全是事关国计民生和社会政治稳定的根本问题，是国家经济发展战略、国家安全战略和国际竞争战略的首要问题，是压倒一切的国家战略底线。习近平总书记强调，中国人的饭碗任何时候都要牢牢端在自己手上。我们的饭碗应该主要装中国粮，一个国家只有立足粮食基本自给，才能掌握粮食安全主动权，进而才能掌控经济社会发展这个大局。

经过多年努力，我国不仅成功解决了全国人民的吃饭问题，还为世界粮食安全做出了重大贡献。从2003年到2015年这10多年间，我国粮食产量历史性地实现"十二连增"，粮食综合生产能力连续多年稳定在6亿吨以上，粮食产量占全球总产量的20%以上，现已成为世界产粮第一大国。但是，更应该清醒地看到，粮食安全是一个永恒的课题。粮食安全问题极为复杂，任何时候都不能轻言过关，保障国家粮食安全依然挑战重重、任重道远。习近平总书记告诫我们："要牢记历史，在吃饭问题上不能得健忘症，不能好了伤疤忘了疼"。一方面，粮食供给面临人口与社会发展刚性需求的双重压力。随着中国人口不断增加，工业化、城镇化进程不断加快，人们生活水平的提高和饮食结构的改善，口粮需求、工业用粮需求、饲料用粮与加工食品用粮的增长将呈刚性增长；另一方面，粮食生产能力面临资源与环境约束的双重压力。随着工业化、城镇化的步伐不断加快，耕地面积日趋减少，淡水资源和农业人力资源日趋紧张，环境污染、水土流失、土地沙漠化等一系列问题日益突出，粮食生产的资源与环境约束日益加剧。同时，全球气候变化对粮食生产的影响日益突出。根据中国气象局估计，全国气候变暖带来的干旱和洪水威胁到中国粮食产量的稳定，极端天气可能造成中国粮食10%～20%的损失；全球气候变暖导致干旱、洪水和病虫害加剧，中国粮食产量波动幅度可能扩大至30%～50%。要确保国家粮食安全，过去基于高投入、高消耗、高污染、高产出的粗放型增长方式难以为继，只能走"生产效益、资源节约、环境友好、产品安全"的可持续发展道路。在不能过多依靠投入要素增加来增加单产，而耕地面积总量有限甚至可能不断减少的情况下，面对总人口的持续增加以及人均粮食需求的增长，走有中国特色的粮食安全之路，根本出路在科技，最大潜力在科技。

🔊 **声音**

粮食产量翻番 靠的就是增产技术

　　杜鹰（国务院参事、国家发展和改革委员会原副主任）：农村改革40年来，中国的粮经比例从8∶2调整为6.7∶3.3，粮食播种面积减少了1.1亿亩*，但产量却翻了番，靠的就是增产技术。

　　　　　　　　——杜鹰.小农生产与农业现代化.《中国农村经济》.2018年第10期.

（2）农业科技是突破资源环境约束的必然选择。

　　中国是一个人均资源相对匮乏的人口大国，经历改革开放40年高投入、高消耗的粗放型高速增长之后，新时代我国农业发展面临的资源环境约束日趋严峻。首先，随着中国工业化、城镇化进程不断加快，农村劳动力不断流出，农村空心化、农业副业化、农民老龄化问题十分突出，农业劳动力的数量和质量都迅速下降，农业人力资源瓶颈问题凸显，"谁来种地"已成为中国农业发展亟待破解的时代难题。其次，在城镇化进程中耕地减少不可避免，人地矛盾将更加突出，再加上长期以来忽视对土地的保护和合理利用，水土流失、土地荒漠化等问题比较严重，耕地资源约束凸显。第三，我国是农业大国，也是水资源严重短缺的国家，人均淡水资源约为世界平均水平的1/3。随着我国经济社会发展以及工业化和城镇化水平的不断提高，加上人口的不断增长，我国社会用水需求日益增加，我国农业用水占总用水量的比例一直呈下降的趋势。当前及未来很长一段时间，我国农业发展将面临严重的水资源短缺问题。第四，长期以来，中国农业发展是以追求农产品数量增长为主，大量使用化肥、农药等农业投入品①，包括化肥污染、农药污染、农膜污染以及畜禽养殖污染在内

---

* 亩为非法定计量单位，1亩≈667平方米。

① 原农业部公布的数据表明，与发达国家相比，我国亩均化肥用量约是世界平均水平的2.7倍，是美国的2.6倍，欧盟的2.5倍；农药平均利用率仅为35%，欧美发达国家的这一指标则是50%～60%。

的农业环境污染问题凸显，也成为制约农业发展的重要因素。

在今后相当长的时期内，农业发展面临的劳动力、土地、水等资源约束和生态环境压力将十分突出。面对新的形势，靠继续消耗农业水土资源以发展农业生产已基本没有余地，靠继续增加化肥农药使用以提高产量也难以为继。只有更加依靠农业科技，才能突破资源与环境的双重约束，才能破解比较效益下降和农业劳动力减少的双重困扰，才能应对农产品需求既要多、又要好的双重挑战。我国农业发展要突破资源环境束缚，就必须加快转变发展方式，依靠科技转变农业发展模式势在必行。依靠科技进步提高资源利用率，做到资源开发、资源节约与综合利用并重；依靠科技进步，推广使用良种良法和生物农药、有机肥料、可降解农膜、生物柴油等无害化农业投入品，优化农产品结构，提高土地产出率，实现确保农产品有效供给与环境友好的平衡；依靠科技进步，不断提升农业物质装备技术水平，良种良法配套，农机农艺结合，加快实现农业机械化、信息化、智能化，提高劳动生产率。

🔊 声音

农业科技引领现代农业发展突破资源环境约束

韩长赋（农业农村部部长）：我国已到了必须更加依靠科技进步促进现代农业发展的历史新阶段。在资源环境约束不断加剧的情况下，通过科技进步实现创新驱动、内生增长，转变农业发展方式，是现代农业发展最重大、最关键、最根本的出路和措施。

——在全国农业工作会议上的讲话，2011年12月27日

（3）农业科技是加快现代农业建设的决定力量。

从全球发达国家的发展经验来看，随着工业化进程加快和服务业发展日益受到重视，农业产值占GDP比重下降是个必然趋势。一般认为，农业产值占整个GDP的10%是国民经济的转折点，将迎来现代农业的加速发展期。自

改革开放以来，我国农业占GDP比重每年下降2～3个百分点，1978年农业占GDP的比重为28.2%，2013年首次降到10%以下，这标志着我国已进入加快改造传统农业、走中国特色农业现代化道路的关键阶段，农业农村正在经历着广泛而深刻的变革。与此同时，世界范围也正在孕育一场新的农业科技革命，现代生物技术、信息技术、人工智能等高技术迅猛发展并向农业领域不断渗透，正在引领和支撑世界农业格局和发展方式发生深刻而深远的变革，农业科技的支撑与引领作用将更加突出。现代农业是一个动态的和历史的概念，它是农业发展史上的一个重要阶段。从发达国家的传统农业向现代农业转变的过程看，它包括两方面的主要内容：一是农业生产的物质条件和技术的现代化，利用先进的科学技术和生产要素装备农业，实现农业生产机械化、信息化、生物化、化学化和绿色化；二是农业组织管理的现代化，实现农业生产专业化、区域化、组织化、社会化和产业化。传统农业主要依赖资源的投入，而现代农业则日益依赖不断发展的新技术投入，新技术是现代农业的先导和发展动力，科技变革和进步始终是现代农业发展的决定性力量和根本途径。我国农业发展面临的人多地少的基本国情，资源与环境双重约束的基本现实，更加决定了在传统农业向现代农业加速转变的过程中，出路在科技，潜力在科技，希望在科技。

 数说

农业科技进步形势喜人

《中国农业农村科技发展报告（2012—2017）》显示，我国农业科技进步贡献率由2012年的53.5%提高到2017年的57.5%，取得了超级稻、转基因抗虫棉、禽流感疫苗等一批突破性成果。我国主要农作物良种基本实现全覆盖，自主选育品种面积占比达95%，畜禽水产供种能力不断提升。2017年农作物耕种收综合机械化水平达到67%。农业高新技术产业不断壮大，带动农村新产业新业态蓬勃发展，为保障国家粮食与食品安全、促进农民增收和农业绿色发展发挥了重要作用。不过跟许多发达国家的农业科技进步贡献率在70%以上相比，我国仍存在不小的差距。

1.1.2 正确认识农业科技的性质

农为国本。农业是国民经济中提供食物等主要生活必需品的最基本的物质生产部门，农业是社会分工、工业和国民经济其他部门独立化的基础，是国民经济发展的基础和保障。农业生产是和土地、气候、动植物的生长发育等自然条件分不开的，农业生产又是一个自然再生产与经济再生产交织在一起的复杂的再生产过程。农业的发展离不开科技的支持。如何定位农业科技的性质，是一个关系政策方向的重大问题。农业科技的性质一定程度上决定着农业科技由谁供给。在深入借鉴和汲取了国际国内的经验教训，充分考虑了农业科技的特殊性和我国国情、农情的特点基础上，2012年中央一号文件明确作出"农业科技具有显著的公共性、基础性、社会性"的论断，进一步明确了在农业科技上，政府要发挥主导作用、财政承担主要责任的基本政策取向。

（1）农业科技具有公共性。

公共性是农业科技的本质属性。虽然农业技术产品不是纯粹的公共产品，但它具有一般公共产品的两大特征，即非排他性与非竞争性。大多数农业科技属于公共产品，无法通过市场机制获得有效供给。例如施肥、播种、剪枝等农业技术，一个地区、一个农民的使用不会影响其他地区、其他农民的使用，而且一个农民使用之后往往也很难阻止他人使用，使用技术产生的利益也不能为某个人或某些人所专有。这样一来，私人部门和企业就不愿进入，因而必须进行政府干预或者直接由政府提供。而且，农业科技的服务对象和应用者是千家万户的农民，农业是弱质的基础性产业，往往需要政府给予扶持，要以廉价或无偿的方式让农民广泛应用科技成果。农业科技的公共性，一方面体现在农业科技成果创造提供上要发挥政府的主导作用，增加投入以解决农业科技成果供给不足的问题；另一方面，在农业科技成果的转化应用方面，通过政府的调控保证农业科技成果为社会共享，真正公正、公平地用于公共性目的，使全社会都能因此获益。农业科技的公共性决定了仅靠市场机制作用，农业科技创新必然面临投入不足问题。因此，需要充分发挥各级政府的支持和主导作用。

（2）农业科技具有基础性。

农业是国民经济的基础，农业的发展是社会稳定运行的前提与基础，而农业科技又是农业发展水平的决定性力量，科技强，则农业强，因此农业科技对于农业、社会经济发展具有很强的基础性作用。基础不牢，地动山摇。我国作为一个农业大国和人口大国，农业在国民经济中的基础地位更为重要。农业兴，百业行。要巩固和加强农业的基础性地位，就必须大力发展农业科技创新，强化科技对现代农业发展的支撑与引领作用。农业科技的基础性决定了必须把农业科技创新摆在创新驱动发展战略全局高度来看，立足现实，面向未来，瞄准世界农业科技创新前沿和我国现代农业发展的现实科技需求，加大政府对农业科技创新的支持与投入强度，科学布局，统筹谋划，基础研究、应用研究与农业高技术研究并举，从源头强化农业的基础性地位，推动农业科技创新优先发展。

（3）农业科技具有社会性。

农业科技具有非常重要的社会功能。农业科技创新在获得经济效益的同时，还会产生巨大的社会效益和生态效益，体现出很强的社会性和公益性。一方面，农业科技创新通过不断提高劳动生产率和农产品品质，满足人民物质文化需求，为经济发展和社会稳定奠定扎实基础，这是农业科技的社会效益；另一方面，农业科技创新通过改变农业生产方式，节约资源、保护环境，促进农业可持续发展，实现人与自然的生态平衡。此外，农业科技的社会性也意味着农业科技创新是社会活动的产物，需要加强农业科研、农业生产与农业技术推广等相关群体合作，打破部门、区域、学科界限，有效整合农业科技创新资源，建立协同创新机制，推动产学研、农科教紧密结合。

1.2 农业现代化道路怎么走

农业的根本出路在于现代化，农业现代化是国家现代化的基础和支撑。没有农业现代化，国家现代化是不完整、不全面、不牢固的。2018年9月习近平总书记在东北三省考察时指出，中国现代化离不开农业现代化，农业现代化关键在科技、在人才。要把发展农业科技放在更加突出的位置，大力推进农业机械化、智能化，给农业现代化插上科技的翅膀。

1.2.1 从"四个现代化"到"四化同步"

实现现代化也是人类社会文明和进步的主要标志。现代化既是一个世界现象，也是一种文明进步。一般来说，现代化包括四种转变，即从传统经济到现代经济、传统社会到现代社会、传统政治到现代政治、传统文化到现代文化的转变。近代以来，建设一个现代化强国一直是亿万中国人民共同的愿景。从"四个现代化""四化同步"到"实现中华民族伟大复兴的中国梦"，中国人民一直在为实现现代化而奋斗。在一定程度上，"现代化"承载着新中国几代人的光荣与梦想。无论"四个现代化"还是"四化同步"，农业现代化都是我国现代化战略中不可或缺的重要内容。

"四个现代化"即工业现代化、农业现代化、国防现代化、科学技术现代化，简称四化，是我国20世纪60年代提出的国家战略目标。1964年12月第三届全国人民代表大会第一次会议上，周恩来总理首次提出把中国建设成为一个具有现代农业、现代工业、现代国防和现代科学技术的社会主义强国。

改革开放以来，中国社会经济获得成功转型与迅速发展，到2011年底，全国城镇人口已经达到6.91亿，城镇化率首次突破50%关口，达到了51.27%。这表明我国城乡关系重塑，告别了以乡村型社会为主体的时代，进入到以城市型社会为主体的新时代。正是在此基础上，党的十八大提出了具有中国特色的"四化同步"目标，即坚持走中国特色新型工业化、信息化、城镇化、农业现代化道路，推动信息化和工业化深度融合、工业化和城镇化良性互动、城镇化和农业现代化相互协调，促进工业化、信息化、城镇化、农业现代化同步发展。习近平总书记在2013年12月召开的中央农村工作会议上进一步指出，一定要看到，农业还是"四化同步"的短腿，农村还是全面建成小康社会的短板。中国要强，农业必须强；中国要美，农村必须美；中国要富，农民必须富。

1.2.2 走中国特色农业现代化道路

党的十九大报告提出实施乡村振兴战略，"加快推进农业农村现代化"。农业现代化，事关我国全面建成小康社会和建设社会主义现代化强国的大局。2013年11月，习近平总书记在山东考察时强调，解决好"三农"问题，根本在于深化改革，走中国特色现代化农业道路。

我国是世界第一人口大国，粮食消费量大，人多地少，农业资源相对紧缺。我国人均耕地少、耕地质量总体不高。截至2014年底，我国实际耕地面积约20.26亿亩，人均耕地面积仅1.48亩，不及世界人均耕地面积的44%，且我国耕地质量总体偏低，现有耕地中，中低产田占耕地总面积的70%，其中低产田超过30%。此外，耕作方式的粗放，特别是化肥的过量施用，造成耕地质

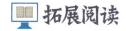 **拓展阅读**

农业现代化的主要内容

农业现代化是从传统农业向现代农业转变的过程，用现代物质条件装备农业，用现代科学技术改造农业，用现代产业体系提升农业，用现代经营模式推进农业，用现代发展理念引领农业，用培育新型农民发展农业。农业现代化是一个世界的、综合的、历史的和发展的概念。一般说来，农业现代化的基本内容，包括农业生产手段（条件）现代化、农业生产技术现代化和农业生产管理现代化。

农业生产手段（条件）现代化，包括农业机械化、电气化、水利化和信息化。运用先进设备代替人的手工劳动，特别是在产前、产中和产后各个环节中大面积采用机械化作业，大大降低农业劳动者的体力强度，提高劳动生产率。

农业生产技术现代化的内容，包括农业良种化、化学化等，把先进的科学技术广泛应用于农业，主要就是良种良法结合，在培育良种和采取的栽培、饲养措施方面都实现了现代化提出的各种技术要求。

农业生产管理现代化，包括农业生产区域化、专业化、标准化、组织化等，主要指在农业生产全过程中，其生产、交换、分配、消费和产前、产中、产后等方面以及各环节上的全部经营管理活动，采用现代化的管理手段和管理方法。

量的退化。东北黑土层变薄，南方土壤酸化，华北平原耕层变浅，西北地区耕地盐渍化、沙化等十分突出。2016年我国农村常住人口仍有5.9亿人，即使以后我国人口城镇化率达到70%，仍将有4亿多人生活在农村。在相当长的一段时间里，小农户还会占我国农业经营主体的大多数，是保障国家粮食安全和农产品有效供给的基础。一个人口超过10亿的大国如何实现农业现代化，世界上还没有总结出这个规律，只能靠中国自己去探索和总结。我国农业现代化必须立足于我国基本国情和发展实际，遵循农业现代化的一般规律，借鉴国际先进经验，顺应世界农业发展趋势，努力走出一条生产技术先进、经营规模适度、市场竞争力强、生态环境可持续的中国特色新型农业现代化道路。

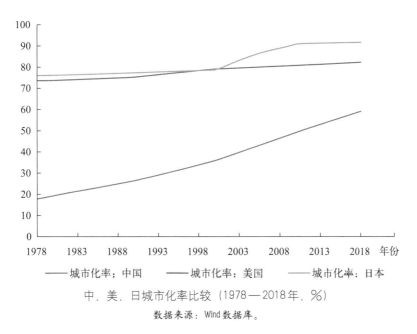

中、美、日城市化率比较（1978—2018年，%）

数据来源：Wind 数据库。

习近平总书记在2015年两会期间参加吉林代表团审议时指出，推进农业现代化，要突出抓好加快建设现代农业产业体系、现代农业生产体系、现代农业经营体系三个重点，加快推进农业结构调整，加强农业基础设施和技术装备建设，加快培育新型农业经营主体。2016年4月，习近平总书记在安徽小岗村召开的农村改革座谈会上进一步强调，要以构建现代农业产业体系、生产体系、经营体系为抓手，加快推进农业现代化。这些论述明确了新时代现代农业建设的重点任务，为新时代我国现代农业发展指明了方向路径。

构建现代农业产业体系，就是要通过优化调整农业结构，充分发挥各地资源比较优势，促进粮经饲统筹、农牧渔结合、种养加一体、一二三产业融合发展，延长产业链、提升价值链，提高农业的经济效益、生态效益和社会效益，促进农业产业转型升级。构建现代农业生产体系，就是要用现代物质装备武装农业，用现代科学技术服务农业，用现代生产方式改造农业，转变农业要素投入方式，推进农业发展从拼资源、拼消耗转到依靠科技创新和提高劳动者素质上来，提高农业资源利用率、土地产出率和劳动生产率，增强农业综合生产能力和抗风险能力，从根本上改变农业发展依靠人力畜力、"靠天吃饭"的局面。构建现代农业经营体系，就是要加大体制机制创新力度，培育规模化经营主体和服务主体，加快构建职业农民队伍，形成一支高素质农业生产经营者队伍，促进不同主体之间的联合与合作，发展多种形式的适度规模经营，提高农业经营集约化、组织化、规模化、社会化、产业化水平。

农业科技是确保国家粮食安全的基础支撑，是突破资源环境约束的必然选择，是加快现代农业建设的决定力量。更加依靠农业科技创新，加快农业科技进步，为农业插上科技的翅膀，是我国农业现代化发展的时代特征和必由之路。

1.3 新时代科技兴农怎么办

党的十九大报告提出了中国发展新的历史方位——中国特色社会主义进入了新时代。进入新时代，是从党和国家事业发展的全局视野、从改革开放近40年历程和十八大以来取得的历史性成就和历史性变革的方位上，所做出的科学判断。这个新时代，是承前启后、继往开来，在新的历史条件下继续夺取中国特色社会主义伟大胜利的时代。这是一个重大判断，为制定党和国家大政方针提供了理论依据，进一步指明了党和国家事业的前进方向，具有重大现实意义和深远历史意义。新时代开启新征程，新时代呼唤新作为。中国特色社会主义进入新时代，我国社会主要矛盾已经转化为人民日益增长的美好生活需要和不平衡不充分的发展之间的矛盾。当前，我国社会主要矛盾中最大的发展不平衡是城乡发展不平衡，最大的发展不充分是农业农村发展不充分。进入新时代，农业科技面临的要求更高、任务更艰巨、挑战更严峻，我国已到了必须更加依靠科技进步发展现代农业的历史新阶段。新时代，科技兴农再出发。

1.3.1 新时代农业科技创新的任务与目标

坚持走中国特色的农业现代化道路，新时代必须把保障国家粮食安全作为农业科技创新的首要任务。粮食事关国运民生，"民以食为天"，粮食安全是维系社会稳定的"压舱石"，是国家安全的重要基础。我国作为一个十几亿人口的大国，粮食安全问题更为重要。新时代发展现代农业，必须毫不放松粮食生产，保证口粮绝对安全。党的十八大以来，以习近平同志为核心的党中央始终把粮食安全作为治国理政的头等大事。当前，突破资源环境和市场对我国粮食生产的双重约束，保障国家粮食安全根本在科技、潜力在科技、关键在科技。2012 年中央一号文件更是指出，农业科技创新应当"立足我国基本国情，遵循农业科技规律，把保障国家粮食安全作为首要任务"。

坚持走中国特色的农业现代化道路，加快转变农业发展方式，新时代必须把提高土地产出率、资源利用率、劳动生产率作为农业科技创新的主要目标。改革开放以来，我国农村的社会生产力得到了极大的解放和发展，农业发展取得的成就举世瞩目。然而随着国内外环境条件变化和长期粗放式经营积累的深

层次矛盾逐步显现，农业发展资源与环境约束不断趋紧，农业发展的质量与效益不高，农业国际竞争力不强，农民持续增收后劲不足。农业要持续稳定发展别无他途，只能依靠科技加快推进农业现代化，促进农业发展方式转变，从依靠拼资源消耗、拼农资投入、拼生态环境的粗放经营，转到依靠科技提高质量和效益的集约经营上来。要积极运用现代科技成果和可持续发展理念，大力创新农业生产经营方式，不断提高土地产出率、资源利用率、劳动生产率，提高农业发展的质量与效益。

1.3.2 新时代农业科技创新的重点领域

坚持走中国特色的农业现代化道路，新时代必须突出农业科技创新的重点，从农业基础研究、农业前沿技术研究和突破农业技术瓶颈三个方面入手，面向世界农业科技前沿、面向农业产业需求，加大各级政府农业科技投入，稳定支持农业基础性、前沿性、公益性科技研究。深化科技体制改革，整合农业科技资源，优化创新平台布局，建立协同创新机制，推动产学研、农科教紧密结合。大力加强农业基础研究，在农业生物基因调控及分子育种、农林动植物抗逆机理、农田资源高效利用、农林生态修复、有害生物控制、生物安全和农产品安全等方面突破一批重大基础理论和方法。加快推进前沿技术研究，在农业生物技术、信息技术、新材料技术、先进制造技术、精准农业技术等方面取得一批重大自主创新成果，抢占现代农业科技制高点。着力突破农业技术瓶颈，在良种培育、节本降耗、节水灌溉、农机装备、新型肥药、疫病防控、加工贮运、循环农业、海洋农业、农村民生等方面取得一批重大实用技术成果。

1.3.3 新时代种业科技创新

坚持走中国特色的农业现代化道路，新时代必须着力抓好种业科技创新。科技兴农，良种先行。种业是国家战略性、基础性的核心产业。种子是农业生产中最核心、最基础、最重要的不可替代的生产资料，是实现农作物高产优质的内因，是各项技术措施的核心载体，更是决定农作物产量和质量的关键因素。我国是世界上著名的农业大国，也是用种大国，现已成为全球第二大种业市场。种业发展对大国农业至关重要。虽然我国种业科技创新推广使我国的粮食多年来高产、稳产，但目前在体制机制、管理等方面与发展现代种业、实现农业现代化的要求还不相适应。突破性品种不多、种子企业创新能力不强、育种资源和高端人才不足，以及商业化育种机制不畅等问题仍是制约我国种业乃至农业发展的重要问题。要增加种业基础性、公益性研究投入，加强种质资源收集、保护、鉴定，创新育种理论方法和技术，创制改良育种材料，加快培育一批突破性新品种，加快培育一批育繁推一体化的大型骨干种子企业。

1.3.4 新时代农业科技人才队伍建设

坚持走中国特色的农业现代化道路，新时代必须加强教育科技培训，全面造就新型农业科技人才队伍。科技兴农，人才为本。农业科技人才是强农强国的根本，是我国人才队伍不可或缺的部分。农村实用人才和农业科技人才是农业农村人才中的骨干力量。加强农村实用人才和农业科技人才队伍建设，是农业农村人才工作的重点领域，是实施科技兴农的关键环节。推进部部共建、省部共建高等农业院校，实施卓越农林人才教育培养计划，办好一批涉农学科专业，加强农科教合作人才培养基地建设。以培养农业科研领军人才为重点，着力打造科研创新团队，带动农业科技人才队伍全面发展。以科研教学单位技术转移人员和推广单位专业技术人员为主要对象，通过项目引导和政策扶持，培养一大批技术推广骨干人才，切实解决好农技推广"最后一公里"问题，把科技从科技专家手里、实验室里送到农民手里和田间地头，加快农业科技成果转化。以提高科技素质、职业技能、经营能力为核心，大力培训农村实用人才，造就一批"田秀才""土专家"。

1.3.5 新时代农业科技成果转化

坚持走中国特色的农业现代化道路，新时代必须着力破解我国农业科研与生产的"两张皮"问题，必须加快提升农业科技成果转化能力，真正让农业插上科技的翅膀。农业科技成果转化出现障碍既有农业科技成果供给方——农业科研机构只注重出成果而不注重成果推广转化、成果供给数量和质量等方面的原因，也有农业科技成果的需求方——农业生产者自身接受能力、风险承受能力等方面的原因，还有农业科技成果的转化具有地域特征明显、转化周期长、转化收益普遍较低、自然风险与市场风险并存等特殊性的原因，再加上新技术的推广带有风险性、正外部性，政府有关部门在科技成果推广方面没有足够的激励保障措施。破解农业科研与生产的"两张皮"问题，要完善农业科研评价机制，坚持分类评价，注重解决实际问题，改变重论文轻发明、重数量轻质量、重成果轻应用的状况；要加强农业知识产权保护，稳步发展农业技术交易市场，大力发展科技中介服务业，畅通农业科技成果转化的渠道；要强化协同创新，加大农业科技成果转化投入，支持发展农业科技创新基金，积极引导和鼓励金融信贷、风险投资等社会资金参与农业科技创新创业。

案例

温室科技推动荷兰农业引领全球

荷兰国土面积4.18万平方千米，且1/4的土地低于海平面，除南部和东部有一些丘陵外，绝大部分地势都很低。荷兰总人口1 702万人，人口密度515.1人／平方千米，远高于中国（144.3人／平方千米）、美国（35.6人／平方千米）、德国（237人／平方千米）、法国（122.6人／平方千米）。

虽然荷兰耕地面积小、人口密度高且缺少大规模农业生产的各种资源，但是这个小国的食品出口却在全球排名第二，仅次于美国。2017年，荷兰出口的番茄占到全球番茄出口值的22.2%，成为了世界第一番茄出口国。荷兰也是世界上最大的马铃薯和洋葱出口国，全球第二大蔬菜出口国。全球蔬菜种子贸易的1/3以上来自荷兰。

2017年全球10大食品出口国

排名	国家	出口额（亿美元）	排名	国家	出口额（亿美元）
1	美国	1 491.22	6	中国	634.91
2	荷兰	928.45	7	西班牙	509.61
3	德国	868.27	8	加拿大	494.90
4	巴西	788.20	9	比利时	439.04
5	法国	742.87	10	意大利	437.56

荷兰园艺作物的高产主要是因为在温室里种植。采用各种先进的温室自动化技术，荷兰农业在过去二三十年里迅猛崛起并引领全球。荷兰的温室面积为57.6平方千米，单个温室面积动辄数万平方米，有的单个温室面积超过70万平方米（70公顷）。从2003年到2014年，蔬菜产量增加28%，但能耗降低6%，杀虫剂使用量降低9%，化肥使用量降低29%。

荷兰之所以能够引领全球农业，主要靠的是以温室自动化技术为核心的农业工业化技术，在降低各种成本的同时大大提高了生产效率。温室自动化技术不仅仅能够实现自动传送、自动程序、自动苗床、自动转移、自动灌溉等，还包括温室本身的自动化控制技术。

荷兰的温室生产

 **链接**

1.《关于加快推进农业科技创新持续增强农产品供给保障能力的若干意见》，2012年中央一号文件，中共中央、国务院，2011年12月31日。

2.《"十三五"农业科技发展规划》（农科教发〔2017〕4号），农业部，2017年1月25日。

3.《关于落实发展新理念加快农业现代化实现全面小康目标的若干意见》，2016年中央一号文件，中共中央、国务院，2015年12月31日。

2 科技兴农 必由之路
——为什么"要给农业插上科技的翅膀"

全面深化改革是解决"三农"问题的唯一途径。农业出路在现代化，农业现代化关键在科技进步。2013年11月，习近平总书记在山东视察时提出，我们必须比以往任何时候都更加重视和依靠农业科技进步，走内涵式发展道路，要给农业插上科技的翅膀。为农业插上科技的翅膀，是突破我国资源环境约束的必然选择。依靠农业科技进步与创新，能够大幅度提高土地产出率、劳动生产率和资源利用率，是繁荣和发展农业和农村经济，提高农业整体效益，实现农业持续稳定发展、实现农业供给侧结构性改革的需要。

2.1 农业持续发展的两个"天花板"怎么看

2014年12月，李克强总理在中央农村工作会议上指出，目前我国农业持续发展面临两个"天花板"、两道"紧箍咒"。其中，两个"天花板"主要指目前我国农业生产出现了以下两个方面的现象。

2.1.1 农产品价格天花板效应开始显现

"农产品价格天花板"是指国内主要农产品价格超过了进口价，继续提价

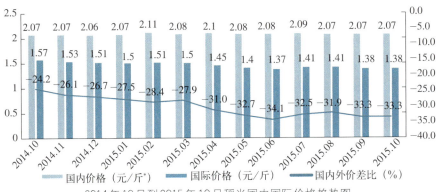

2014年10月到2015年10月稻米国内国际价格趋势图

注：国内价格指全国晚籼米（标一）批发均价，国际价格指泰国曼谷大米（25%含碎率）运到黄埔港的到岸税后价。

2014年10月到2015年10月小麦国内国际价格趋势图

注：国内价格为广东黄埔港优质麦到港价，国际价格为美国墨西哥湾硬红冬麦（蛋白质含量12%）运到黄埔港的到岸税后价。

2014年10月到2015年10月玉米国内国际价格趋势图

注：国内价格为东北二等玉米运到广州黄埔港的均价，国际价格为美国墨西哥湾二等黄玉米运到黄埔港的到岸税后价。

---

* 斤为非法定计量单位，1斤＝500克。

遭遇到"天花板"。2004年以来，随着我国农产品市场的开放，特别是2006年我国"入世"过渡期结束，我国一些主要农产品的价格开始明显高于国外农产品进口到岸完税之后的价格，国内外农产品价格倒挂开始出现。2008年，农产品价格倒挂的只有大豆，而之后的几年，我国粮、棉、油、糖、肉等主要农产品国内市场价（批发价或到港价）已全面高于国外产品配额内进口到岸税后价，有些产品一度高于配额外进口到岸税后价，价格已经顶破了"天花板"。2015年底，小麦、大米、玉米三大谷物国内外价差每吨分别为771元、745元、790元。这意味着我国国内农产品涨价的空间开始受到了挤压，是我国制定农业政策必须面对的新情况。

 问答

什么是价格倒挂？

是指同一种商品的销售价低于购进价的现象。同一种商品在其流通过程中，必然会出现各种形式的差价，一般应是后一个环节的价格高于前一个环节的价格，使商品经销部门的流通费用得到补偿并取得盈利。如果出现相反的情况，即为价格倒挂。

2.1.2 农业补贴逼近WTO"黄箱补贴"天花板

在国际贸易中，对生产和贸易会产生扭曲作用的补贴，称之为"黄箱补贴"。我国黄箱补贴必须遵从特定产品补贴不得超过该产品产值的8.5%，非特定产品黄箱补贴不得超过农业总产值的8.5%的规定。随着农业补贴的不断加码，我国黄箱补贴已经逼近黄线，补贴的剩余空间已不多，对农业的贸易保护非常有限。我国农产品平均的关税只有15.2%，还不足世界平均水平的1/4。另外，农产品关税形式非常单一，并且极其透明。很多重要农产品实现配额管理，配额关税只有1%，配额以外最高也只有65%。在目前的贸易保护政策下，农产品价格触及"天花板"以后，价格驱动性的进口会不断增加，进口对我国农业造成的冲击会难以避免，这使我国农业将面对非常严峻的挑战。

 问答

什么是黄箱政策及绿箱政策？

根据WTO的《农业协议》，对生产和贸易产生扭曲作用的政策称为"黄箱"政策措施，要求成员方必须进行削减。"黄箱"政策措施主要包括：价格补贴，营销贷款，面积补贴，牲畜数量补贴，种子、肥料、灌溉等投入补贴，部分有补贴的贷款项目。除了"黄箱"政策以外，还有一类是对农业生产和贸易没有或仅有极小影响的、免于削减的"绿箱"政策，这类政策主要包括由公共基金或财政所提供的一般性农业生产服务、为保障粮食安全而支付的储存费用、粮食援助补贴等。

我国农产品价格倒挂的根本原因是我国农业资源紧缺、劳动生产率低和生产成本刚性上涨导致农产品市场竞争力弱；直接原因是关税、补贴等农业支持保护措施不足。目前我国农业已全面进入高成本时代，农产品成本可以称之为"地板"，它的不断提升对农业的挤压已经开始非常明显。由于劳动力成本及土地租金不断提高，农业生产中的农机、化肥、农药、农膜等投入品越来越多，农业成本处在快速上升的通道。2006—2016年，我国稻谷、小麦、玉米、棉花、大豆生产成本年均增长率分别为8.3%、8.7%、9.4%、10.1%、8.2%。2013年，我国5种大宗农产品（水稻、小麦、玉米、大豆、棉花）的生产成本已经全部高于其他主产国，每亩成本差幅在20%～30%，有些品种差幅甚至超过60%。

总体来看，价格倒挂刺激进口，对国内农产品价格的合理上涨形成"天花板"，加之国内农业生产成本"地板"持续刚性上升，对农民种粮增收形成双重挤压。一旦失去对进口农产品的价格优势，国内农产品就很可能大规模"涌进"国库，或者滞销。多种农产品形成"国内增产、国家增储、进口增加、国家再增储"的怪圈。政府承担收购的主体责任，造成"国货入仓、洋货入市"局面，不仅造成沉重的财政负担，为农民增产增收带来巨大压力，也使得下游加工企业、消费者承担了较高的成本。

 数说

2015年中国和美国主要农产品成本及价格对比

　　2015年，中国玉米、稻谷、小麦、大豆、棉花等主要农产品亩均总成本分别比美国高出56.05%、20.82%、210.42%、38.44%、222.84%。中国每50千克玉米、稻谷、小麦、大豆、棉花平均出售价格分别比美国高出109.91%、50.89%、98.69%、102.78%、44.57%。中国农业迈入"高成本"时代，农业生产效率与国际竞争力相对下降，来自美国及世界其他国家的农产品进口增加。

	中国主要农产品亩均总成本	中国亩均总成本高出美国	中国每50千克产品平均售价高出美国
玉米	1 083.72元	56.05%	109.91%
稻谷	1 202.12元	20.82%	50.89%
小麦	984.30元	210.42%	98.69%
大豆	674.71元	38.44%	102.78%
棉花	2 288.44元	222.84%	44.57%

 声音

中国农业成本全面超越美国，根源在于资源、劳动力、农业机械、科技存在短板

　　张云华（国务院发展研究中心农村经济研究部副部长、研究

员）：通过对比中美农业发现，中国农业迈入"高成本"时代，中国农业成本已全面超越美国，中国农业生产效率与基础竞争力逊于美国农业。中国农业人工成本远高于美国，农业劳动生产率远不及美国；中国农业土地成本也比美国高。美国农业成本中物质与服务费用占比较高，显示美国农业生产更多倚重物质投入、农机装备、技术服务等。中国农业基础竞争力薄弱的根源是存在资源、劳动力、农业机械、科技短板。

——中国农业已迈入高成本时代，如何提升竞争力.《农村经营管理》.2017年第06期.

2.2 农业持续发展的两道"紧箍咒"怎么看

李克强总理在2014年中央农村工作会议上的讲话中提出了目前我国农业持续发展面临两道"紧箍咒"的问题。"紧箍咒"是指我国农业生产存在生态环境和资源条件两大制约因素。长期以来，为了增加农产品的产量，农业资源存在过度开发利用以及生态存在严重透支的问题。李克强总理指出，我们主要依靠自己力量解决了13亿多人口的吃饭问题，确实很了不起，但也付出了巨大代价。生态环境严重受损、承载能力越来越接近极限，资源开发利用强度过大、弦绷得越来越紧。大量使用化肥、农药、农膜等化学产品，不仅使地越种越薄，还带来严重的面源污染、白色污染，再加上工业污染和生活垃圾污染等，农村环境问题愈发严峻，严重危及农业持续发展和农产品质量安全。与此同时，随着工业化、城镇化推进，耕地不仅数量在减少、质量也在下降，农业生产用水缺口呈扩大趋势，农业资源约束也在日益增强。

？问答

什么是农业面源污染与白色污染？

农业面源污染是指农村生活和农业生产活动中，溶解的或固体的污染物，如农田中的土粒、氮素、磷素、农药重金属、农村禽畜粪便与生活垃圾等有机或无机物质，从非特定的地域，在降水和径流冲刷作用下，通过农田地表径流、农田排水和地下渗漏，使大量污染物进入受纳水体（河流、湖泊、水库、海湾）所引起的污染。白色污染是对废塑料污染环境现象的一种形象称谓，是指用聚苯乙烯、聚丙烯、聚氯乙烯等高分子化合物制成的包装袋、农用地膜、一次性餐具、塑料瓶等塑料制品使用后被弃置成为固体废物，由于随意乱丢乱扔，难以降解处理，给生态环境和景观造成的污染。在农业中，白色污染主要来自目前农业生产广泛使用的农用地膜。

2.2.1 资源条件约束

（1）耕地数量有限，且总体质量不高。

土地是农业生产最基本的物质条件，随着工业化、城镇化的推进，中国的耕地保护形势日益严峻。截至2016年年末，全国耕地面积为13 495.66万公顷（20.24亿亩），人均耕地面积1.46亩，不到世界平均水平的一半。2015年，全国耕地平均质量等别为9.96等[①]，耕地质量总体不高。其中，优等地面积只占2.9%，高等地面积占26.5%，而中低产田占耕地总面积70%以上。全国连片集中分布的优质耕地只有51片，约10亿亩耕地，其中6亿亩可灌溉，4亿亩不能灌溉。全国集中连片、具有一定规模的耕地后备资源少，且大多分布在生态脆弱地区。随着工业化进程加快，耕

[①] 数据来源：2016中国国土资源公报。

地减少不可避免，人地矛盾将更加突出。同时，由于长期以来忽视对土地的保护和合理利用，水土流失、土地荒漠化比较严重，后备耕地资源严重不足，而且由于自然条件差，开发成本很高。

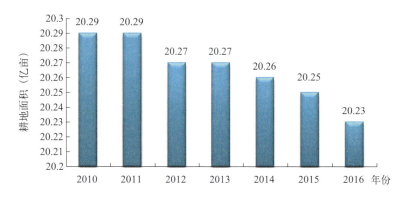

2010—2016年全国耕地面积变化情况

数据来源：2010—2016年中国国土资源公报

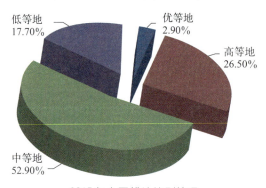

2015年全国耕地等别情况

数据来源：2016年中国国土资源公报

? 问答

什么是耕地质量等别？

2009年，国土资源部通过耕地质量等级调查与评定工作，将我国全国耕地评定为15个质量等别，1等耕地质量最好，15等最差。分别按照1~4等、5~8等、9~12等、13~15等划分为优等地、高等地、中等地和低等地。

（2）水资源时空分布不均，且总体缺水严重。

水资源是农业发展的关键资源之一，水资源的丰歉和分布直接决定了农业发展的规模、类型和水平。中国的水资源总量居世界第六位，但是季节分布不均，地区差距较大，人均资源量少，相对水资源需求而言，是一个缺水严重的国家[①]。2007—2016年，全国水资源总量动态波动，总体稳定，但总用水量增长了3.8%。2016年全国水资源总量为32 466.4亿立方米，且南北分布不均衡，北方占全国的17.2%，南方占全国的82.8%，人均只有2 348立方米，大约为世界平均水平的1/4、美国的1/5，是全球人均水资源最贫乏的国家之一。据预测，到2030年全国总需水量将达10 000亿立方米，全国将缺水4 000亿~4 500亿立方米。农业是中国用水"大户"，一直占据全部用水量的最大比重，2016年全国总用水量6 040.2亿立方米，其中农业用水占62.4%，占总用水量的一半以上。2007—2016年，农业用水量增长了4.7%。从农业用水资源来看，受到我国气候及水利条件等的影响，农业灌溉用水时空分布极不均衡，呈现出东多西少、南多北少、春夏多秋冬少的特征。从用水效率上看，农业用水浪费现象普遍，水资源有效利用率很低。目前我国农业灌溉水有效利用率仅为30%~40%，而在发达国家，节水灌溉面积均在60%以上，灌溉水利用率超过了80%。

2006—2016年我国水资源总量情况

数据来源：2006—2016年中国水资源公报

---

① 陈文胜. 资源环境约束下中国农业发展的多目标转型[J]. 农村经济，2014(12)：3-9.

2.2.2 生态环境约束

(1) 化肥、农药等过度使用导致面源污染、白色污染严重。

中国是世界上化肥使用量最大的国家，2016年我国农用化肥用量5 984万吨，占全球的31%，每公顷用量是世界平均用量的4倍，远远超过国际上为防止化肥对土壤和水体造成危害而设置的22.5吨的安全上限。我国每年180万吨的农药用量，占全球的20%，农药的有效利用率却不足30%，多种农药造成了土壤污染，甚至使病虫害的抗药性增强。不断加剧的农药使用，对于环境、农地粮食和食品残留带来非常严重的问题。2017年我国水稻、玉米、小麦三大粮食作物化肥利用率、农药利用率分别为37.8%、38.8%，平均比欧美发达国家相应品种的化肥、农药利用率低15%~30%。我国的农用塑料薄膜使用量也在逐年增加，2016年达到260.3万吨，比2000年增长95%。过量使用化肥、农药，作物难以完全吸收，会渗入到地下或通过生活污水流入水体产生二次污染。有专家估算，中国水体氮磷污染物中来自工业、生活污水和农业面源污染的大约各占1/3，中国湖泊的氮、磷50%以上来自于农业面源污染。同时，大部分农药、杀虫剂进入了水体、土壤及农产品中，导致高达933.3万公顷耕地受到不同程度的污染，而且还导致地下水受到污染，造成水体富营养化和空气污染等生态环境问题。

因化肥、农药等过度使用，农业污染物未经处理直接排入水体等造成的各种农业污染已经对食品安全和人体健康构成威胁。自2001年农业部实施"无公害食品行动计划"以来，我国农产品农药残留得到一定控制，但近年来农残安全事件依然时有发生。

(2) 畜禽养殖污染不断加剧。

随着人民生活水平的提高和饮食结构的改变，畜禽产品在我国居民饮食结构中所占比重不断增大，这也使我国禽畜养殖业迅速发展。2017年，我国畜牧业总产值为30 285.04亿元，占农林牧渔业总产值的26.4%。随着畜牧业总产值的不断增加，我国规模化养殖的比例也在不断扩大。我国生猪、奶牛、肉牛、蛋鸡、肉鸡、羊养殖场户总计接近1亿个，综合规模化率58%。生猪年出栏500头以上、奶牛存栏100头以上、蛋鸡存栏2 000只以上、肉鸡年出栏10 000只以上、肉牛年出栏50头以上、肉羊年出栏100只以上的规模养殖场总计约76万个。规模化养殖的快速发展造成畜禽养殖废弃物产生量突增，每年产生畜禽粪污总量达到近40亿吨，畜禽养殖业排放物化学需氧量达到1 268万吨，占农业源排放总量的96%，是造成农业面源污染的重要原因[1]。

（3）农村居民生活性污染不容小觑。

生活性污染是指在日常生活中产生的粪便、垃圾、污水等生活废弃物处理不当而对空气、水、土壤等所造成的污染。随着人口增长和生活水平的不断提高，农村生活垃圾的数量大幅度上升。目前来看，我国城市的生活垃圾处理系统、生活污水排放管网已经建成并日趋完善，而农村环境容量相对较大、人口居住分散，大多数的农村没有固定的垃圾堆放处和专门的垃圾收集、运输、填

_____

① 数据来源：农业部新闻发布会，2017年8月30日。

埋和处理系统，没有完善的生活污水处理系统，这也造成我国很多农村存在着生活垃圾无序堆放、生活污水不经处理直接排放的情况。生活垃圾、污水及人畜粪便不经处理，污染物直接经地面、土壤下渗或汇入地表水体，对地表水及地下水造成直接危害，农村环境污染和生态破坏日趋严重。

2.3 新一轮农业科技革命怎么看

纵观世界农业发展史，现代全球农业的第一次农业技术革命发生于1950—1980年，这期间，农业取得突飞猛进的发展，粮食单产水平不断提升。这一阶段的农业高速发展主要是由于第一次农业技术革命推动的结果，其科技基础主要为瓦特蒸汽机的发明、李比希植物矿质营养学说的创立、达尔文进化论和孟德尔三大遗传规律的提出，代表性技术包括杂交育种、化肥、化学农药和灌溉等。

当前，全球新一轮科技革命和产业变革方兴未艾，基础科学、生命科学、信息科学、材料科学、先进制造与智能控制等领域产生的最新科技成果加速向农业渗透，催生了颠覆性的农业科学技术，对农业产生了革命性影响，推动了生物种业、食品产业、生物质能源产业等战略性新兴产业的兴起和发展，第二次农业科技革命蓄势待发。第二次农业科技革命主要以生物技术、信息技术在农业中的应用为主体，新材料与新能源、航空与航天以及自动控制等现代技术的应用为新一轮农业科技革命的推进提供了有力支撑。与第一次农业技术革命相比，由于其核心技术的深化和泛化，对农业发展的影响范围也更加广泛。新的农业技术革命既能促进农业增长，又有助于农业结构优化，能大大增强农业发展的后劲。

对我国来说，农业生产面临生态环境和资源条件两大制约因素，在国内农产品成本不断上涨，国内外农产品价格倒挂形势短期很难逆转情况下，加快推进中国特色农业现代化，根本途径和动力是创新。只有瞄准世界新一轮农业科技革命，紧扣农业现代化建设需要，加强对生物育种、智能农业、农机装备、生态环保和粮食绿色增产模式等领域的科技攻关，给农业注入创新的血液，给农业插上科技的翅膀，才能实现我国农业高质量、可持续发展的最终目标。

新一轮农业科技革命呈现以下趋势[①]。

2.3.1　粮食安全成为全球农业科学关注的热点

据联合国粮农组织（FAO）统计，1961—2012年，谷物、油料和肉类等主要农产品产量保持上升趋势，高于同期人口增长速度，人均占有量稳步提高。尽管全球粮食供需总体上基本平衡，但受自然资源禀赋、经济发展阶段和生产力水平以及人口增长等因素的影响，世界粮食供需时空差异十分明显，一方面表现为发达国家和发展中国家之间的不平衡，地区粮食安全问题比较突出。发达国家粮食生产过剩，而发展中国家粮食供应不足，饥饿和营养不良人口居高不下。另一方面表现为世界粮食供需在年度间存在较大波动，粮食危机的威胁始终没有彻底消除。粮食危机已在一些国家和地区引起社会动荡，日渐严重的粮食安全和气候变化问题已成为各国政府和国际组织关注的焦点。

2.3.2　农业可持续发展逐步成为全球共识

世界上很多国家从不同角度深入探索与实践，逐步形成了农业可持续发展的思路，最终形成了各具特色的农业可持续发展模式。

第一，美国的"低投入可持续""高效率可持续"模式。 低投入可持续农业是指尽可能地通过减少化肥、农药等外部合成品投入，围绕农业自然生产特性，利用和管理农业内部资源，保护和改善生态环境，降低成本，以求获得理想的收益。高效率可持续农业是指在生态原则的指导下对各个环节进行科学管

---

① 陈军民. 农业科技革命发展的五大趋势［J］. 农村经济与科技，2012（12）：31-32.

理，依靠科技进步来促进农业生产效率的大幅度提高，通过合理使用化学制品来减少环境污染，保护生态环境。

第二，日本的"环保型可持续"模式。 主要以有机物还田与合理轮作为基础，通过对人工合成化学制品的限制和生物肥料、生物农药的大力开发与应用，把资源的可持续利用、环境保护同提高农业生产率结合起来，促进农业循环经济发展。

第三，德国的"综合农业"模式。 主要内容包括：一是综合农业与生态系统平衡；二是综合农业与土壤保护；三是综合农业与水源保护；四是综合农业与经济发展。

第四，法国的"理性农业"模式。 主要指在现代农业种植过程中，通盘考虑和全面兼顾生产者经济利益、消费者需求和环境保护，以实现农业可持续发展。在践行这一模式过程中，要求发挥政府的职能和扶持作用，强调各级民间合作组织的基础作用，同时彰显科技在农业发展中的重要作用。

不论哪一种可持续发展模式，农业科技进步在其中都起着不可替代的作用，只有依靠科技进步，才能在不断提高农业产量及质量的传统目标下，兼顾农业资源的有效利用及合理配置，改善农业环境，从而达到持续和谐发展的最终目标。

🔊 **声音**

将农业可持续发展作为未来长期发展目标

杜志雄（中国社会科学院农村发展研究所副所长）：中国农业的发展目标要进行相应的战略性调整。中国农业原来的发展目标主要是"两个保持"，即保持农产品稳定供给和保持农业生产者收入水平。在"十三五"时期和未来更长时期内，中国农业应该把"两个保持"调整为"三个保持"，将保持农业的可持续性作为一个重要的发展目标。

——夯实农业可持续发展基础，《中国社会科学报》.
2015年11月11日．第842期.

2.3.3 生物技术的作用更受重视

随着农业科技的迅速发展，世界范围内一场以生物技术为核心的新一轮农业科技革命正在加速孕育和形成，对农业产生越来越广泛和深刻的影响。农业生物技术是指运用基因工程、发酵工程、细胞工程、酶工程以及分子育种等生物技术改良动植物及微生物品种生产性状、培育动植物及微生物新品种、生产生物农药、兽药与疫苗的新技术。应用生物技术可以培育出优质、高产、抗病虫、抗逆的农作物以及畜禽、鱼类等新品种；可以进行再生能源的利用，解决能源短缺问题；可以扩大饲料、药品等来源，满足人类日益增长的需要；可以进行无废物的良性循环，减少环境污染，充分利用各种资源等。

2.3.4 物联网技术促进智慧农业快速发展

随着物联网技术的迅速发展，其在农业领域的应用将越来越广泛，促使农业迈入智慧农业的发展阶段。智慧农业的发展，将引领面向农业农村服务的信息化科技创新能力的全面提升，实现信息化与农业现代化的有机融合。

目前物联网技术在农业中的应用，主要集中在农业系统模拟及预测、农业辅助决策、虚拟农业、精准农业等方面，可具体分为以下几个方面：一是环境感知、实时监测、自动控制的网络化农业环境监测系统；二是养殖行业中动物饲料投放、疫情防控、恒温控制、废弃物自动回收等智能控制系统；三是实施节水灌溉、农机定位耕种、测土配方施肥等精确化的田间作业系统；四是在生产加工和流通销售各环节对农产品进行质量安全的溯源系统。发达国家在物联网技术应用于农业领域已经做了很多尝试，也取得了非常明显的效果。例如，农业物联网在美国大农场的覆盖率已达到80%，通过研发并推广农业系统中的各类物联网设施及信息系统，使得普通的农业生产设施具备了感知、学习并与环境互动的能力。通过建立美国农业系统模拟及预测系统，美国农业在应对病虫害、自然灾害、畜禽疾病等方面取得了很大的成效，其节约农业成本、提高农业产量的效果十分明显。日本一直把发展高效农业作为发展本国农业信息技术化的重要目标①。

 问答

什么是物联网技术？

物联网技术主要涵盖了信息感知技术、网络通信技术及应用系统技术等，不仅只是对"物"实现连接和操控，而且可以通过各种技术整合进一步实现人对人、人对物以及物对物的感知、互联、互通、相融与互动。

案例

物联网嫁接农业：一场田间的技术革命

装上一个小小的传感器，大棚里的蔬菜就会说话了，湿度低了，温度高了，缺氮、磷、钾了；无论你身在何处，点击鼠标或者手机，千里之外的大棚就能自动给瓜果蔬菜浇水、施肥；刷一下二维码，蔬菜水果从大棚到餐桌的"前世今生"全知道……这不是想象的一幕，而是正在德州龙腾蔬菜种植合作社发生的事情。

研究这项技术的是山东省农业科学院科技信息研究所的科研人员。他们将物联网嫁接到农业上，正改变着田间地头的传统农业生产方式，也让百姓的舌尖能够享受到更安全的农产品。"运用物联网数据系统，实时检测农作物生产环境中的温度、湿度、pH、光照、土壤养分、二氧化碳浓度等物理量参数，远程监控、精准施策，不仅

---

① 毛烨，王坤，唐春根，等. 国内外现代化农业中物联网技术应用实践分析[J]. 江苏农业科学，2016，44（04）：412-414.

节约资源、劳动力，更改善了产品品质，提高了经济效益。"在德州龙腾蔬菜种植合作社，工作人员只需要坐在电脑前，就可以轻松搞定蔬菜大棚的种植。"可以全面测量大棚内的空气湿度、土壤温度等近十个参数，还可以控制这些指标。"通过物联网，一个人就可以同时实时监测管理几千亩地。

在项目负责人阮怀军的规划中，这个互联网项目是围绕果菜、畜禽、水产等优势产业，将物联网、云计算、大数据及移动互联网等关键技术进行集成和应用，"推进优势农业产业转型升级，实现生产智能化、管理信息化、产品透明化和效益最大化"。由此，项目中既包括实体的测控设备、远程视频，更包括虚拟的APP、远程漫游以及"智农云平台""智农微信平台""智农溯源平台"等农业物联网系统。

资料来源：魏东.《科技日报》. 2015年12月7日.

2.3.5 大力发展低碳农业以应对气候变化

现代农业不仅要为人类提供生存之粮，而且要为工业生产原料，同时兼顾美化环境、文化传承和乡村发展等多项功能。低碳农业作为具备"低能耗、低排放、低污染、高效益、高效率"特征的可持续经济发展方式，日益成为备受瞩目的社会焦点。目前，世界上很多国家已通过制定政策以及采取实际行动推动低碳农业的发展。例如，德国作为欧盟国家，除遵循欧盟关于生态问题的统一立法外，2003年还独立制定了《生态农业法》。在执行方面，该法明确规定了执行机构及其责任，提倡广泛的公众参与，各州的检验机构需要在网上公布其检验结果，环境检测机构不但需要向农业部提供信息，而且还和其他检验机构进行信息共享。同时，《生态农业法》还规定了具体的惩罚措施，一旦有农场主或农业企业违反该法，最高可判处1年监禁或处以3万欧元的罚金。英国制定一系列低碳政策，规定到2020年，英国农业和废弃物方面的温室气体排放量需在2008年的水平上减少6%。为此，鼓励农民更有效地使用化肥、更好地管理牲畜及其粪便；支持厌氧技术，将废料和粪便转化为可再生能源等。

🔊 声音

低碳农业发展模式对于农业供给侧改革具有重大现实意义

周卫健（全国人大代表、中国科学院院士、中国科学院地球环境研究所所长）：农业供给侧改革更深层的含义是转变农业生产方式，所要解决的不是"生产什么"，而是"怎样生产"的问题。低碳农业注重投入过程的物质能量减量化及有机肥对化肥的替代作用，有利于节省资源能源消耗，有效降低生产成本；低碳农业强调在农产品生产加工销售环节中减少和杜绝有害物质使用，可以有效提高农产品品质，确保食物安全，优质安全的农产品能够更好地满足消费者需要，在市场上取得相对高的价格从而增加销售收入；减少农业生产环节中二氧化碳和其他温室气体排放是低碳农业追求的重要目标，它将为节能减排、减缓气候变化做出贡献，进而产生良好的环境外部性收益。因此，低碳农业是创新农业发展模式的战略制高点，是新形势下转变农业发展方式、实现农业可持续发展的必然选择。如果能抓住时机对低碳农业进行研究，探索总结出可操作的低碳农业发展的技术规程和管理模式，并在实践中率先推行，对于实现农业供给侧改革目标和农业在可持续发展原则下的转型升级具有重要意义。

资料来源：新华网. 以低碳农业推动农业供给侧改革. 2017年3月8日.

2.4 农业供给侧结构性改革怎么办

"供给侧结构性改革"一词，最早是习近平总书记在2015年11月10日召开的中央财经领导小组第十一次会议上提出的。2016年，"农业供给侧结构性改革"一词首次写入中央一号文件。2017年中央一号文件把优化产品产业结构作为农村的首要工作加以部署。党的十九大报告中，再次强调了供给质量是农业供给侧改革的主攻方向，要减少无效和低端供给，增加有效和中高端供给，提升农产品的质量水平。

从经济学视角看，"供给侧"是与"需求侧"相对应的概念，需求侧主要是投资、消费、出口"三驾马车"，"三驾马车"的动力和效能决定着经济增长速度。供给侧则包含土地、劳动力、资本、技术、信息与制度等多种要素，这些要素的配置和效率是一个相对长期的过程，决定着中长期经济的潜在增长速度和质量。以我国粮食生产为例，中国粮食生产在2015年实现了"十二连增"，与此同时，粮食进口规模也不断刷新纪录，粮食呈现出生产量、进口量、库存量"三量齐增"的怪现象。出现这一现象的根本原因，在于农产品价格"天花板"封顶，生产成本"地板"抬升，国内越来越高的粮食生产成本，在国际上不具备比较优势。因此，新形势下我国农业生产的主要矛盾不在于总量不足，而是存在结构性矛盾。面对这一问题，中央提出的农业供给侧结构性改革的核心就是要求围绕人的需求去生产，提高农业供给质量和效率，使农产品不仅在数量上能够满足，而且在品种和质量上能够更加契合消费者的种种需求，能够形成真正的结构更加合理、保障更为有力的农产品的供给体系。

2.4.1 农业供给侧结构性改革离不开科技支撑

农业供给侧结构性改革的着力点在于提高农业效益和农产品的国际竞争

力。这就使得农业供给侧结构性改革不仅仅涉及数量的调整，更重要的是要加快农业科技进步和农业体制创新，即科技和体制创新是农业供给侧结构性改革的本质。当前农业的发展要从增强农业的内生动力着手，从科技进步、体制创新方面找到新出路，才能使得中国农业在未来的发展中焕发活力，使农民获得更高的收入，并在国际竞争中占有一席之地。

从我国农业科技创新现状来看，农业核心技术与发达国家尚存在较大差距，农业科技的自主创新能力和转化应用能力，不能完全适应农业供给侧结构性改革的需要。新中国成立以来，农业科技在农业生产中起到了重要作用，一大批高产、优质的农作物新品种和畜禽水产新品种得以推广应用。但是，在农业核心技术方面，我国农业科技还存在诸多不足：首先，尽管我国农作物种质资源丰富，但对于拥有自主知识产权的基因掌握还存在很大不足，很多重要的基因掌握在发达国家企业手中。其次，目前我国很多农业科研成果达不到国家依法确认知识产权的条件，申请知识产权保护的动力不足，拥有自主知识产权的成果较少。最后，我国农业科技成果转化率偏低，很多科研成果未能应用于实践。中国50%以上生猪、蛋肉鸡的良种，90%以上的高端蔬菜花卉品种依赖进口，其主要原因是中国农业科技成果转化率低。

2.4.2 农业供给侧改革中科技创新的重点

科技创新在农业供给侧改革中起着重要作用，其重点包括以下几方面。

第一，加强种业科技自主创新。种业是农业的基础，加大对农作物、油料、蔬菜和畜禽品种的选育扩繁的支持力度，降低对国外品种的依存度。调整农业种植养殖结构，首先要从源头上保障，让种业科技支撑起农业结构改革。

第二，加大农业安全投入品的研发和应用。提品质、降成本，离不开农业投入品的安全。在种植养殖业中，应用生物农药、生物肥料和生物饲料，对于生态环境的改善、保障食品安全起着决定作用。应加强农业安全投入品的研制开发，建立和完善农业投入品监管工作机制，全面实行农产品质量安全全程监管。

第三，加强农业科技成本的推广与转化。以提高农业科技成果转化率为目标，做好农业科技成果推广转化工作。加强对农业科研机构及农业院校的支持，鼓励和支持农业科研机构、农业院校、农业技术试验站和推广站以及各级政府开展农业科技推广合作，进村入户开展农业科技指导与示范。加快公益性农业技术推广体系建设，建立完善各级农业技术推广机构，发挥乡镇农技推广机构的服务功能。

第四，促进农业科技人才的培养。国家重大人才培养工程要向农业领域倾斜，结合国家基地和区域性的农业科研中心建设，通过农业科研活动，为我国培养高素质的农业科技人才队伍。加大对农村基层干部、合作组织带头人、种养殖大户的培训力度，充分发挥其带头示范效应。对农村劳动力加强职业教育，提高农村劳动力转化科技成果的能力。

3 科技兴农　路在何方
——如何把握农业科技创新的方向

2012年中央一号文件明确指出，实现农业持续稳定发展、长期确保农产品有效供给，根本出路在科技；要坚持科教兴农战略，把农业科技摆上更加突出的位置。农业科技是确保国家粮食安全的基础支撑，是突破资源环境约束的必然选择，是加快现代农业建设的决定性力量。2013年11月，习近平总书记在山东考察时强调，要给农业插上科技的翅膀，按照增产增效并重、良种良法配套、农机农艺结合、生产生态协调的原则，促进农业技术集成化、劳动过程机械化、生产经营信息化、安全环保法治化，加快构建适应高产、优质、高效、生态、安全农业发展要求的技术体系。

3.1　农业科技创新的首要任务

粮食事关国运民生，"民以食为天"，粮食安全是维系社会稳定的"压舱石"，是国家安全的重要基础。《中华人民共和国国民经济和社会发展第十二个五年规划纲要》中明确提出，要"坚持走中国特色农业现代化道路，把保障国家粮食安全作为首要目标"。2012年中央一号文件更是指出，农业科技创新应当"立足我国基本国情，遵循农业科技规律，把保障国家粮食安全作为首要任务"。党的十八大以来，以习近平同志为核心的党中央始终把粮食安全作为治国理政的头等大事。在2013年12月召开的中央农村工作会议上，习近平总书记明确强调，要确保中国人的饭碗任何时候都牢牢端在自己手上。中国人的饭碗应该主要装中国粮，必须坚持以我为主、立足国内、确保产能、适度进口、科技支撑的国家粮食安全战略，实现藏粮于地、藏粮于技，确保谷物基本自给，口粮绝对安全。

作为人类生存的根本，粮食既是人民最基本的生活资料，又是关乎国家经济安全的重要战略物资，更与政治安全密切相关。我国自古就是人口大国，人口约占世界总数的22%，而耕地面积仅占世界的9%，粮食安全从来都是我国的"天字一号"问题。确保粮食安全不仅是我国经济持续发展的基础，更是社会和谐稳定的保障，同时是国家战略的重要组成部分。

2004年以来，随着国民经济快速发展，人口增长，工业化、城镇化进程不断加快，粮食需求量大幅增长，供需缺口逐步加大，粮食净进口量快速增长，我国长期为粮食净进口国。根据《国家粮食安全需求中长期规划纲要》预测，2020年粮食缺口可能达到3 250万吨。2017年国内大豆总消费11 218万吨，9 554万吨来自进口，对外依存度高达85.17%。另外，棉花2017年消费量838.2万吨，进口量100.2万吨，约占11.95%[1]。

面对越来越严峻的国内粮食需求形势，粮食生产有三方面特点值得注意：

第一，粮食总产量总体形势逐年增加，但是增幅却越来越小。2016年我国粮食总产量在十二连增的情况下[2]，首次有所下降，2017年略有回升。

第二，单产虽然逐年增加，但增幅不大且单产提升主要依靠化肥投入。我国粮食单位面积产量从2007年的4 748.3千克／公顷（633.11斤／亩）提高到2016年的5 451.9千克／公顷（726.92斤／亩），增长了14.82%。

---

[1] 数据是根据海关总署公布的数据整理所得。

[2] 2003年至2015年，我国粮食产量一直持续增长，实现了粮食产量史上难得一见的"十二连增"现象。2013年粮食产量历史上首次突破6亿吨之后，粮食生产水平稳步跨上6亿吨新台阶。

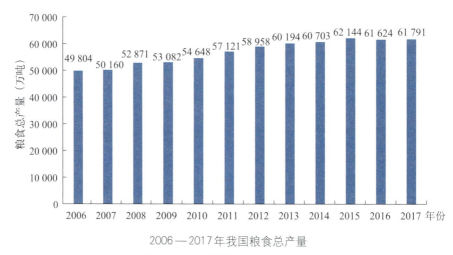

2006—2017年我国粮食总产量

数据来源：根据国家统计局数据整理所得。

2007—2016年我国粮食单位面积产量

数据来源：根据国家统计局数据整理所得。

粮食单位面积产量提高主要是因为化肥的投入量增加。我国农用化肥施用折纯量从2005年的4 766.22万吨，提高到2016年的5 984.1万吨，增长了25.55%，增长速度超过粮食单位面积产量的增长速度约10.73个百分点。

第三，农用化肥施用量的大幅度提高既增加了种植成本，又污染了环境，成为水体污染的重要源头，难以为继。我国农作物播种面积由2006年的15 214.9万公顷增加到2016年的16 664.95万公顷，增长9.53%，粮食的播种面积由2006年的10 495.8万公顷增加到2016年的11 303.45万公顷，增长了

7.69%，而化肥的施用量从2006年到2016年增长了21.43%，大大高于农作物播种面积和粮食播种面积的增长率。

2005—2016年我国农用化肥施用折纯量

数据来源：根据国家统计局数据整理所得。

2006—2016年我国农作物播种面积和粮食作物播种面积

数据来源：根据国家统计局数据整理所得。

新形势下保障国家粮食安全，一方面要稳定粮食播种面积，稳定、完善和强化国家对农业的扶持政策；另一方面，更需要从加强农业科技创新、完善设施、优化结构、转变增长方式、提高粮食综合生产能力等方面入手，着力发展现代农业。一项技术创造一个奇迹，一粒种子改变一个世界。突破资源环境和市场对我国粮食生产的双重约束，保障国家粮食安全根本在科技、潜力在科技、关键在科技。一是进一步挖掘粮食单产潜力，需要在农业生物育种、农作物持续高效生产、农业机械化与标准化、农业防灾减灾等技术上有新的突破；二是农业科技引领粮食生产方式变革的准备不足，需要加快发展精准化农业信息技术，加强粮食生产全程农业机械化及标准化技术研发；三是资源紧缺与消耗的挑战不断加大，需要加强农业资源高效利用、节水农业、中低产田改良、农田生态环境保护与修复等关键技术创新；四是积极应对农业新兴产业的快速发展，需要加快生物种业、生物药物、生物肥料、新一代农业设施与信息设备等关键技术研发。

 问答

什么是粮食安全？

　　20世纪70年代初期，联合国粮农组织从供给角度出发，将粮食安全定义为"确保任何人在任何时候，都能获得为了生存和健康所需要的足够的食物"。

　　1983年4月，联合国粮农组织对这一概念进行了扩展："让所有人在任何时候都可买得到、又可买得起他们所需要的食物"。这一概念强调要保障贫困人口的粮食安全，注重"家庭获得粮食的能为"，形成了"家庭粮食安全"新概念。

3.2 农业科技创新的主要目标

　　2012年中央一号文件提出，农业科技创新应"把提高土地产出率、资源利用率、劳动生产率作为主要目标"。2014年12月召开的中央农村工作会议进一步强调："随着国内外环境条件变化和长期粗放式经营积累的深层次矛盾逐步显现，农业持续稳定发展面临的挑战前所未有。目前国内主要农产品价格超过进口价格，而生产成本在不断上升。农业生态环境受损，耕地、淡水等资源紧张。必须按照党的十八大要求，坚定不移走中国特色新型农业现代化道路，加快转变农业发展方式，不断提高土地产出率、资源利用率、劳动生产率，实现集约发展、可持续发展"。因此，提高土地产出率、资源利用率和劳动生产率作为农业科技创新的主要目标，是新时代突破资源环境和市场双重约束的必然选择。

土地产出率是反映土地生产能力的一项指标，通常用生产周期内（一年或多年）单位面积土地上的产品数量或产值（包括总产值、净产值）指标来表示。美国农业资源结构的特征是人少地多，劳动力供给短缺，因此就把农业现代化的焦点集中到采用生物、化学技术，以提高土地产出率上。美国不仅重视农业生产技术现代化，同时也十分重视农业组织管理现代化，大力推行农业专业化、一体化、社会化。

案例

以色列的农业奇迹

以色列位于亚洲西部干旱半干旱地区，国土面积2.16万平方千米，约是我国的0.225%，沙漠面积占国土的2/3；耕地较少，有29.72万公顷（445.8万亩），为国土面积的13.76%。2017年人口871.24万人，农业人口为66.77万人，占全国人口的7.66%，全国务农人口约为12万人，占全国人口的1.38%。以色列土地资源稀少，自然环境恶劣，人均水资源极少。虽然农业自然资源和环境条件相对较差，但在1948年至今近70年的时间里，以色列的耕地面积增加了近3倍，农业产出增加了16倍，食物自给率达到95%以上，实现了95%粮食靠自己生产，每年生产的蔬菜、瓜果、花卉大量向欧洲出口。同时农业基础设施和生态环境得到极大改善，农业已经发展成为国民经济的一个重要产业。以色列的育种、管理、设施农业等许多农业技术均处于世界前列。2016年以色列农业增加值为39.73亿美元，占国内生产总值的1.17%。在农业产值中，种植业占57.4%，畜牧业占42.6%。农副产品60%用于出口，年出口创汇约21亿美元。以色列除了种植小麦、玉米、饲料作物以外，番茄、甜椒、西瓜、向日葵、草莓以及果园等经济作物和经济林木占了很大比重，水果和蔬菜单产水平居世界前列，养殖业极为发达，每头奶牛产奶量达40升／天，平均年产奶量为1.2万升／头，单头奶牛年产奶量目前居世界第1位。

　　以色列农业之所以成功是由于对高新技术的运用，以集约化、产业化、机械化和就地工业化的合作化生产，采用先进的农业及农业机械化技术，重点进行了节水型农业科技的研究，形成其技术集约型农业特色。以色列90%以上的农田、100%的果园、绿化区和蔬菜种植均采用滴灌技术灌溉。滴灌技术使水资源利用率达到了95%以上。以色列利用生物遗传基因和其他手段，培育出品质优良、抗病抗虫的品种，每年出口价值达3 000万美元的种子。

我国玉米亩均总成本2015年较2001年增长230.52%，远高于美国49.24%的增幅。自2009年起，我国玉米亩均总成本超过美国并逐步拉大差距。尽管我国玉米亩均产量增加到488.81千克／亩，但仍比美国低30%，美国玉米的土地产出率水平高于我国。我国大豆亩均总成本从2001年至2015年增加210.10%，远高于美国35.29%的增幅。从2010年起，我国大豆亩均总成本超过美国，并呈现出逐步扩大的趋势。2015年，美国大豆亩均产量比我国高出54.90%，土地产出率长期高于我国。我国大豆年进口量已逐年攀升至2017年的9 554万吨[①]。

劳动生产率是指劳动者生产某种产品的劳动效率。劳动生产率水平可以用单位时间内所生产的产品数量或产值来表示，也可以用生产单位产品所耗费的劳动时间来表示。美国是提高农业劳动生产率方面的典范，利用农场经营方式实现大规模机械化。据统计，1969年美国以经营一种产品为主的专业化农场已达农场总数的90%以上。据美国专家计算，仅此一项，使美国农产品大约增产40%，而成本降低50%～80%。

 问答

什么是集约化农业?

集约化农业，"集"是指劳动、技术和资本这类"人为"方面的密集、深化；"约"是指原材料和自然资源的简约、节省。集约应表现为生产（经营）要素质量的改善和劳动生产率的提高，合理配置各项生产（经营）要素，使其得到最佳组合和最优利用，以获取最佳经济效益。

---

① 张云华. 中国农业已迈入高成本时代，如何提高竞争力［J］. 农村经营管理，2017（06）：18-21.

图说

光伏成为一种新型农业生产模式，可提高土地产出率

太阳能光伏发电取得飞跃式发展，模式从过去单纯的地面建电站，到现在延伸出"光伏＋农业"的多重模式，把蔬菜大棚、畜牧养殖、渔业养殖、农场、灌溉、旅游等有效结合，不仅节约了土地资源，还能持续产出绿色电力让农民获得额外的收益，给原有的土地增加单位面积产出率，还把农业带上了一条"类工业"的绿色发展之路。从长远来看，发展光伏农业不仅可以解决光伏产业与农业发展争地的现状，对于农业转型也具有重要意义。以光伏农业大棚为例，它把农业、生态和旅游业有效统筹到一起，利用田园景观、农业生产活动、农业生态环境和生态农业经营模式，最大限度利用资源，增加了收益。

光伏发电的出现，不仅迎合了新能源急需出现的契机，同时还成为一种新型农业生产模式，提高了土地产出率，实现农业增效和农民增收。

2015年，我国玉米、稻谷、小麦、大豆、棉花等主要农产品亩均总成本分别为1 083.72元、1 202.12元、984.30元、674.71元、2 288.44元，分别比美国高出56.05%、20.82%、210.42%、38.44%、222.84%。2015年，玉米、稻谷、小麦、大豆、棉花的人工成本分别是美国的14.78倍、4.11倍、16.33倍、8.5倍、28.23倍，表明我国劳动生产率远远低于美国，这与我国农业机械化程度相对低的事实相契合①。我国农业迈入"高成本"时代，农业生产效率与国际竞争力相对下降，来自美国及世界其他国家的农产品进口增加。2017年，我国农业劳动生产率为人均31 061.2元，仍远低于农业发达国家。

农业资源利用率主要包括土地、水、化肥、农业废弃物（如秸秆、畜禽粪便等）的有效利用情况，农业资源的合理利用是农村可持续发展、农业生态环境保护和农业多功能性开拓的基础。世界上在资源利用方面做得比较好的国家是荷兰和以色列。以色列的滴灌技术实现水资源利用率达到95%以上。以色列奶牛场的生产设施比较完善，既有高度自动化的挤奶设备、饲喂设施、清粪设施等，也有经济合理的牛舍。如以色列全部采用饲喂搅拌车喂牛，该车装有自动取草料装置，牛可以按设定的比率定量索取，然后直接送到饲喂棚。很多养牛场都安装了电脑控制的自动化粪便处理系统，这个系统可以把掺杂着牛粪便的废物中的水分离出来，再将这些粪便废弃物烘干，作为肥料出售；而分离出来的水将得到净化，供牛场循环使用。

3.2.1 全球农业发展模式借鉴

一个国家发展现代农业的模式，主要由该国的土地、劳动力和工业水平决定。美国经济学家弗农·拉坦和日本农业经济学家速水佑次郎提出了一个著名的农业发展模型——"诱导的技术与制度发展模型"，该模型把技术和制度的变革看作是由要素禀赋的相对稀缺性诱导的，即劳均土地在30公顷以上的国

---

① 张云华. 中国农业已迈入高成本时代，如何提高竞争力 [J]. 农村经营管理，2017（06）：18—21.

家走的是机械技术型；劳均土地3～30公顷的国家，走的是生物技术－机械技术交错型；而劳均土地不足3公顷的国家，走的是生物技术型。

从发达国家的实践经验来看，20世纪以来，全球农业大致有3种发展模式：第一类是"劳动节约型"，如美国、加拿大、澳大利亚等国家，他们具有人少、地多和资源比较丰富的特点，农业现代化起步较早，充分利用农业机械、良种技术进行规模化、机械化的高技术模式。例如，2017年美国人口3.26亿人，其中农业人口0.058 44亿人，占全国人口总数的1.79%，耕地1.52亿公顷，人均耕地0.47公顷。由于土地、水资源极为丰富，而劳动力相对短缺，所以选择"大农场"式的大规模农业经营。2016年底，美国农场总量为206万个，经营土地面积达9.11亿英亩，单个农场经营土地面积从1950年的212英亩[①]增长到2016年的442英亩，翻了一倍多，家庭经营方式比重高达98.7%[②]。农业现代化主要是以现代物质资本要素替代劳动，目的是提高劳动生产率。据统计，美国农业的土地产出率是983.8美元／公顷，但劳动生产率却达到78 117.2美元／人，位于世界之首。

第二类"资源节约型"，如荷兰、以色列、丹麦、韩国、日本等国家，这些国家由于土地、水资源等农业资源极度匮乏，土地高度稀缺，主要依靠技术创新和大量的资本投入，提高有限资源的使用效率，实现农业的现代化，因此一般都走了一条小家庭规模的农业经营之路。这种农业模式的特点是利用资本、技术等现代物质要素来替代土地和水等资源，目的是要提高土地产出效率和资源利用率，走资源节约型道路。如韩国农业当前的劳动生产率仅为15 656.2美元／人，而土地产出率高达17 326.8美元／公顷，位居世界之首。日本农业的重要特点之一是采用了全盘合作化的土地节约型模式，由农业协会联合分散农户形成劳动集约经营，其农业协会的作用闻名世界。日本农业的劳动生产率仅为26 163.7美元／人，而土地产出率达到16 922.4美元／公顷。

---

① 英亩为非法定计量单位，1英亩＝4046.86平方米。

② 数据来源：根据新浪财经国际宏观数据整理所得。

荷兰农业现代化水平相当高，土地产出率达到 15 175.4 美元／公顷，仅次于韩国、日本，劳动生产率也达到 59 015.4 美元／人，仅次于美国。

第三类就是介于这两种模式之间的"中间类型"模式，以法国、德国、意大利等为代表。这些国家土地、劳动力适中，资源禀赋较好，大多采用小家庭规模的农业经营模式，机械技术与生物技术并进，把农业生产技术现代化和农业生产手段现代化放在同等重要的地位，实行"物力投资"和"智力投资"同时并举，以提高劳动生产率和土地生产率并重为主要目标，促进现代农业的发展。如法国农业当前土地产出率达到 2 651.3 美元／公顷，劳动生产率为 52 431.0 美元／人，基本介于前两种模式之间①。

3.2.2 我国农业的土地产出率、资源利用率和劳动生产率有待提高

与发达国家相比，我国农业有自身独特的特点。2017 年我国人口总量 13.86 亿人，是美国的 4.25 倍，农村人口总量 5.83 亿人，占全国总人口的 42.06%；国土面积 960 万平方千米，农业增加值占 GDP 比重为 7.92%，人均耕地面积 0.09 公顷（2015 年数据，折合 1.35 亩），更接近日本的人均耕地水平，远低于世界平均水平，而同期美国人均耕地面积 0.47 公顷，是我国的 5.22 倍。

我国人多地少，人均农业资源占有量低，农户土地经营规模很小，农田细碎化严重；尽管改革开放初期的联产承包责任制极大地提高了中国土地利用效率，但中国农业目前组织化、规模化程度仍然很低，机械化和科技化水平也低，导致劳动生产率一直没上去，基础仍旧薄弱。农村劳动力中从事第一产业就业比重仍高达 70%，大量的农村人口滞留于农业，制约了中国农业劳动生产率的进一步提高。

---

① 亢志华，陈海霞，刘华周. 以提高土地产出率、劳动生产率、资源利用率来发展现代农业 [J].
江苏农业科学，2009（05）：322-324.

中国、日本、美国人均耕地面积对比

数据来源：根据新浪财经全球宏观数据整理所得。

　　我国与美国等农业发达国家相比，在农业资源禀赋、劳动力素质与职业化程度、农业机械水平、农业科技等方面存在一定差距，以致农业基础竞争力薄弱。

　　世界上农业先进国家的农业机械化水平都比较高。美国早已不仅在粮食作物上而且在棉花、大豆、烟草等品种上都实现了耕种收全程全面机械化。我国农业机械化水平相对较低，耕作环节机械化率相对较高，但播种、收获环节的机械化率较低，制约土地产出率和劳动生产率的提高。2018年，三大主粮作物中，小麦的耕种收机械化程度最高，其耕、种、收机械化率分别达到了99.67%、90.88%和95.87%。

　　2015年我国农业劳动力平均经营耕地面积为9.24亩，美国农业劳动力平均经营耕地面积为957.47亩，是我国的103.6倍。我国农业成本中人工成本占比第一，美国农业成本中人工成本占比最小，我国农业人工成本远高于美国。自1980年以来我国农业就业人员占比虽然逐年下降，从1980年的68.7%下降到2017年的17.51%，但还是高于美国、日本，2017年美国农业就业人员占比只有1.66%。

　　我国农业科技相对落后，科技型基础竞争力欠缺。与世界上农业先进国家相比，我国在一些基础性、关键技术领域仍有一定差距。农业科研成果的转化和推广工作欠缺，相关农业科学技术集成不够，农民科技素质不强，总体上农业科技型基础竞争力欠缺，制约我国土地产出率、资源利用率、劳动生产率的提高。

数说

农业规模化经营：我国农业经营规模究竟有多小？

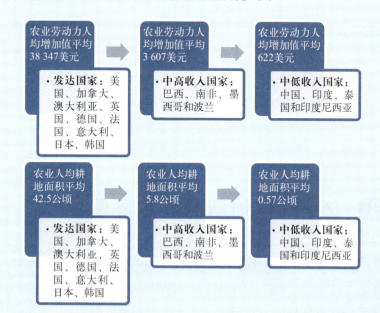

农业劳动力人均增加值平均38 347美元	农业劳动力人均增加值平均3 607美元	农业劳动力人均增加值平均622美元
• 发达国家：美国、加拿大、澳大利亚、英国、德国、法国、意大利、日本、韩国	• 中高收入国家：巴西、南非、墨西哥和波兰	• 中低收入国家：中国、印度、泰国和印度尼西亚
农业人均耕地面积平均42.5公顷	农业人均耕地面积平均5.8公顷	农业人均耕地面积平均0.57公顷
• 发达国家：美国、加拿大、澳大利业、英国、德国、法国、意大利、日本、韩国	• 中高收入国家：巴西、南非、墨西哥和波兰	• 中低收入国家：中国、印度、泰国和印度尼西亚

中国2007年人均耕地面积为0.09公顷，但并不是最少的，韩国和日本只有0.03公顷，相当于中国人均耕地面积的1/3。中国的人均耕地面积与英国（0.1公顷）、意大利（0.11公顷）差不多。但是，中国每个农业劳动者平均占有的耕地面积却是世界上最少的之一，只有0.4公顷，相当于人均耕地面积与我国相仿的英国12.4公顷的3%，人均耕地面积比我国小得多的日本2.5公顷的16%，韩国1.1公顷的36%。中国农业劳动力人均占有耕地面积甚至比印度（0.6公顷）还少。可见，我国的农业劳动力人均耕地经营规模是太小了。

数据来源：根据《光明日报》2013年02月08日11版，武汉大学经济发展研究中心郭熙保、白松涛文章整理所得。

中国、日本、美国农业就业人员占比对比

数据来源：根据新浪财经全球宏观数据整理所得。

3.3 农业科技创新的基本要求

2012 年中央一号文件首次提出了"增产增效并重、良种良法配套、农机农艺结合、生产生态协调"农业科技创新的基本要求。这是第一次全面系统地对我国农业科技的创新路线进行部署，具有重要而深远的意义。

3.3.1 增产增效并重，用现代产业体系提升农业

"十二五"以来，我国农业生产的主要问题是结构性问题，例如，粮食市场总体出现了阶段性、结构性、区域性过剩，粮价下跌，种粮效益下降。"丰收的烦恼"在全国大部分地区的小麦、稻谷等粮食品种上不同程度存在。出现这一问题的主要原因是我国存在农产品总量有余，优质农产品却不足的问题。结果就是"想卖的卖不掉，想买的买不到"。因此，中央提出，要完成我国现代农业总目标，必须推进农业供给侧结构性改革，要在确保国家粮食安全的基础上，紧紧围绕市场需求变化，以增加农民收入、保障有效供给为主要目标，做到增产增效并重，以提高农业供给质量为主攻方向，以体制改革和机制创新为根本途径，改变以往重产量、轻效益的情况，在保证产量的前提下，保证生

产与消费衔接、产品与市场衔接，加强品种、品质和品牌建设，改变卖难和买难同时存在的怪现象。

3.3.2 良种良法配套，用现代科学技术改造农业

种植业要想获利，有两个必须因素，即技术和品种。好技术获得高产，好品种获得高价。高产又高价，必然获高利。所以，良种第一，良法第二，良种良法配套是获得最大收益的唯一途径，经济类作物的生产尤其是这样。要实现良种增效良法配套是技术保证。良种没有配套的良法，品种生产潜力不能发挥，品种增产增收功效就达不到。由于不同作物的种植技术和管理方法不同，相同作物不同品种的种植技术和管理方法也有所差异。因此，不能单凭生产经验去管理。必须转变传统的种植观念，丢弃陈旧落后的栽培管理方法，了解并掌握所购品种的生物特性、适宜区域、栽培要点、生育期及产量表现。熟练运用作物栽培的技术方法，实行良种良法配套，加强田间管

理，最大限度地挖掘品种增产潜力，获取最丰厚的经济回报。因此，在推广良种时应结合当地的气候、土质、栽培习惯情况，根据良种的特性制订相应的栽培管理方法。

3.3.3 农机农艺结合，用现代物质条件来装备农业

农机和农艺是两个相互关联的概念。其中，对农作物的栽植和培养是属于农艺的范畴，还包括农业生产过程中的选种等技艺。对于农机来说，指的是在农作物生产过程中设计和使用的工具。农艺的深层涵义是生物学理论与实践，是获得农作物产量的生产过程。农机的内涵是机械学原理与技术，是人类为了获得农作物经济产量在生产过程中所采取的各种手段。两者之间既有区别又有联系。通俗来讲，农艺是为了使农业获取更高产量的优良"配方"；农机是使优良"配方"发挥作用所实施的现代化手段。

为了有效提高农业生产率，改善农业生产环境，降低生产成本，协调好农机与农艺之间的关系，才能实现农业现代化。农艺离不开农机，农机也离不开农艺，只有互相结合好，才能提高土地产出率、资源利用率和农业经济效益，实现共赢，才能推进现代高效农业发展，保障粮食生产安全。要建立长期稳定的工作机制，对农机农艺融合工作给予高度重视，密切沟通协作，合力组织推进农机化实验室和示范基地建设。要整合农业机械化科研资源，对农业生产急需的农机装备关键技术组织进行攻关，提高农业机械化技术集成和装备配套水平。随着经济的发展，农业科学技术以及农机的发展都取得了巨大的进步，而在农机与农艺之间不仅仅是简单的技术问题，更多是二者所相关的整个农业体系的发展以及对我国经济结构产生的影响。如果不能合理地解决这些问题，则会对我国农业现代化进程产生重大影响。采取农机与农艺相结合的方法可实现农业现代化和优质、高产、高效的农业目标。我国现代农业产业结构调整力度很大，由过去"粮－经"二元结构调整为"粮－经－果"或"粮－经－饲"三元或多元结构，以适应不同种植方式、规模和特色农业的要求。

3.3.4 生产生态协调，用现代发展理念引领农业

　　农业生态环境是指直接或间接影响农作物生长发育的气候环境、水土环境、生物环境等外部条件的总称。随着我国人口数量的不断增加，对粮食产量的需求也越来越大，广大农业劳动者不得不加大对农业生产的投入以获取更多的粮食，与此同时对生态资源的摄取也逐渐增加，整体生态形势很不乐观。农业面源污染（ANPSP）是指在农业生产活动中，农田中的泥沙、营养盐、农药及其他污染物，在降水或灌溉过程中，通过农田地表径流、壤中流、农田排水和地下渗漏，进入水体而形成的面源污染。这些污染物主要来源于农田施肥、农药、畜禽及水产养殖和农村居民农业面源污染。与点源污染相比，面源污染范围更广，不确定性更大，成分、过程更复杂，更难以控制。

　　粮食生产的稳定发展离不开农业生态环境的稳定。因此，农业发展要从为农业生产服务为主，转向为生产、加工与生态协调发展服务。既要粮食满仓，又要绿水青山。友好的农业生态环境对于保障粮食稳定生产具有促进作用，反之则会使粮食稳定生产受到负面影响。在畜牧、水果、茶业生产中推广"果－沼－畜""茶－沼－畜"等生态循环农业模式，促进种养循环、农牧结合、农渔结合，用现代发展理念引领农业。

3.4 农业科技创新与"四化"促进

3.4.1 加快农业技术集成化

农业技术集成是以节本降耗、优质高效为设计理念，有目的地选取相关技术、信息、资源、人才，通过优化配置进行资源整合和技术整合的动态过程，最终实现放大的集成效应，集成的实质是要素整合和优化配置的过程。农业技术集成一是指将农业先进适用技术进行组装配套，形成完整的技术体系，即新品种、新技术、新设备的横向整合过程；二是指将技术研发、示范推广、生产实践各环节有机链接起来，实现物质、信息、人才等要素的自由流动和反馈调节，即农业科技研发、推广、应用的纵向整合过程。

通过集成、推广、应用良种、良法，推行标准化、机械化生产技术、信息技术，从粗放的生产经营方式转移到集约、高效和安全的生产经营方式，形成合理的农业结构，形成种、养、加以及粮、经、牧、渔等农业产业的合理比例，并加强重点产业共性关键技术的研发，促进各种相关技术的有机融合，实现产业技术集聚，提高农业综合效益。以荷兰的设施温室为例，采用自动化控制系统，将环境控制、水肥管理、数据检测等设施设备进行统一管理。其中的Red Harvest，将加热系统、二氧化碳增施系统、灌溉系统、通风降温系统、营养液回收利用系统等进行了集成，在一台电脑上就可以控制整个温室正常运转，提高操作效率。

我国现阶段推进集成创新所采取的主要模式包括：一是种植、养殖技术等安全生产技术的综合集成，如各种粮油作物、园艺作物优良品种的选用及配套的规模化、设施化生产技术，病虫害综合防治技术、科学施肥技术、旱作农业技术、生物农药技术等；各种优良畜禽品种选用、集约化健康养殖技术，饲料加工配置技术，畜禽病害防治技术等，从而实现农业的规模化、标准化、安全化生产。二是农产品加工业技术集成，如农产品储藏保鲜及商品化包装技术、农产品精深加工技术等，从而构筑产、加、销"一条龙"的产业链。三是生态农业技术集成，如"鸭稻共作""桑基（蔗基、果基、花基）鱼塘""猪（禽）－沼－果－鱼"等循环农业、生态农业、立体农业技术的集成。四是农业生产废弃物、生活垃圾无害化处理技术集成，如沼气发酵及综合利用技术、有机肥生产及无害化技术、秸秆综合利用技术等①。

3.4.2 推进农业劳动过程机械化

农业机械化是指在农业生产中使用先进适用的农业机械装备，最大限度地使用各种机械代替手工工具进行生产，改善农业生产经营条件，不断提高农业的生产技术水平和经济效益、生态效益的过程。其包括：农、林、牧、渔生

---

① 林友华. 现代农业技术集成与管理创新的思考［J］. 农业科技管理，2013（5）：19-22.

产作业机械化；产品运输和加工的机械化；农业基本建设施工机械化等。美国农民不到总人口的2%，粮食储备接近世界库存总量的1/3，依赖于美国农业的高度机械化。美国的农业基本实现了从耕地、播种、灌水、施肥、喷药到收割、脱粒、加工、运输、精选、烘干、贮存等几乎所有农作物生产领域的机械化，大大提高了生产效率。

2004年底，我国农业机械化发展史上第一部法律《农业机械化促进法》正式实施，农业机械化经历了年增长率持续10年在15%以上的高速发展期，中央财政农机购置补贴10年累计投入超过1 200亿元，补贴农机具超过3 500万台(套)。2017年我国农业机械化率为66%，农业生产方式已实现从手工作业为主向机械作业为主的转变，但是农业机械化率增速放缓。2016年全国农业机械总动力97 250.33万千瓦，比2015年的111 728万千瓦下降12.96%。大中型拖拉机配套农具由2015年的962万部上升到2016年的1 028.11万部，上升6.87%[①]。

推动劳动过程机械化应充分发挥农机购置补贴政策的支持引导，加快突破薄弱环节生产机械化；农机与农艺相结合，促进农业生产机械化推广；要根据国情、国力确定农业机械化的发展速度，与工业、能源、科技、资金和劳力安排等方面的状况相适应；加大对农机研发和农机化技术研究的投入，加快绿色农业机械化技术推广；农业机械的所有制与经营形式多样化，以适应农村经济的新形势；重视农业机械化的智力投资，培养适应农业机械化发展需要的人才等。

因此，华北、东北、新疆等主要粮食产区可推行综合机械化，小麦、大豆、玉米、棉花、马铃薯等种植收获环节可普遍采用专业的机械；华中、关中地区大部分实现基本机械化，拖拉机、小型收割机等更为适宜；部分偏远落后地区、少数民族地区可推行半机械化。粮食烘干仓储、深松整地、免耕播种、高效植保、节水灌溉、高效施肥、秸秆还田离田、残膜回收、畜禽粪污机械化

---

① 数据来源：根据国家统计局官方数据整理所得。

处理技术推广和丘陵山区宜机化土地整治建设应积极研发推广。在经营形式上可以家庭自营、农民合伙经营、农户承包经营，以及由国家或合作经销组织设立农机服务队（站、公司）经营。

3.4.3 推广生产经营信息化

生产经营信息化是指以农业信息科学为理论指导，农业信息技术为工具，用信息流调控农业生产经营活动的全过程，以信息和知识投入为主体的可持续发展的新型农业，是农业现代化的高级阶段。其受农业的外部环境和内部因素，即农业技术创新的影响。信息化农业的特征包括：信息资源得到充分的应用；农业劳动者将成为高水平的信息人；基础设施装备高度智能化；农业操作技术自动化；农业经营管理信息的网络化；农业产业结构将有重大变化；农业信息活动的从业人员不断增加；进入信息农业经济发展的时代。

我国农业农村信息化正处在起步阶段，虽然抓住了比较好的机遇，但也面临着挑战。农业信息化基础薄弱，发展滞后，总体水平不高。思想认识亟待提升、基础条件建设亟待加强、科技创新亟待突破、体制机制亟待创新。2016年8月29日农业部研究编制了《"十三五"全国农业农村信息化发展规划》，把信息化作为农业现代化的制高点，提出推进农业信息化建设，加强农业与信息技术融合，以建设智慧农业为目标，着力加强农业信息基础设施建设，着力提升农业信息技术创新应用能力，着力完善农业信息服务体系，加快推进农业生产智能化、经营网络化、管理数据化、服务在线化，全面提高农业农村信息化水平，提出培育互联网农业，建立健全智能化、网络化农业生产经营体系，提高农业生产全过程信息管理服务能力，让广大农民群众在分享信息化发展成果上有更多获得感，为农业现代化取得明显进展和全面建成小康社会提供强大动力。

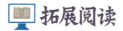 拓展阅读

温室大棚智能控制系统

应用自动控制和电子计算机实现农业生产和管理的自动化，是农业现代化的重要标志之一。近年来，电子技术和信息技术的飞速发展，带来了温室控制与管理技术方面的一场革命。

温室大棚智能控制系统是一种智能化管理大棚的科学系统，具有自动开启关闭卷帘、补光、滴灌等功能，并凭借智能化、自动化控制技术，调节作物的最佳生长环境。通过基于物联网技术对温室内外监测数据的分析，结合作物生长发育规律，利用相关设备，对温室进行实时监控，实现作物优质、高产、高效的栽培目的。目前来看，农业物联网技术是现代农业逐步实现智能化、精确化、信息化的有力保障，而随着种植规模的扩大和温室大棚的普及，物联网温室智能控制系统将会得到越来越多的应用。

加快推进我国农业生产经营信息化还需要从以下几方面着手：首先，各级农业部门要加强农业信息化基础设施建设组织与宣传引导，强化农业农村信息化工作力量，加强信息技术与农业生产融合应用，切实发挥信息化的引领和驱动作用，形成线上现代农业与线下现代农业协同发展。其次，加强政策创设，创新财政资金支持政策，充分利用现有基本建设和财政预算资金渠道，积极争取新增投资，加大农业信息化产业发展支持力度。再次，创新体制机制，加快形成跨界融合、共建共享、众筹共赢的推进格局。最后，强化信息应用技术培训，提升农业从业者的信息技术水平。

3.4.4 加快安全环保法制化

农产品质量安全事关人民群众生命安全和身体健康，是农业自身发展的生命线。农业环境保护是合理利用农业自然资源、防止环境污染和保护农业生态平衡的综合措施。抓好农业科技创新的底线是建立健全农产品安全体系和环保体系。

安全环保法制化是指农产品安全以及环境保护需要依靠法律来进行保障。当前阶段农业环保法制化需要做到：第一，完善环境保护政策法规体系，消除和控制污染源；中国已颁布的有关法律和条例有《环境保护法》《土地管理法》《草原法》《渔业法》《农田灌溉水质标准》《农药安全使用标准》《农业环境保护工作条例》《农业环境监测条例》等；2015年，针对农业面源污染防治，提出"一控两减三基本"的目标，即控制农业用水总量，减少化肥和农药使用量，畜禽粪便、废旧农膜、秸秆等得到基本处理，主要是资源化利用。第二，加大区域农业环境污染治理力度，适度增加治污资金投入。第三，大力推进农业－环境政策一体化发展战略。从发达国家的农业发展历程来看，推进农业－环境政策一体化，是实现农业可持续发展的主流趋势和重要途径。第四，积极采取各项措施，加大农业环境保护宣传教育力度。

农业环保法制化需要做到：第一，牢固树立品牌意识，以品牌助推现代农业发展；第二，要进一步加强农产品质量安全监管，加大抽检的频次和力度，加快推进农产品质量安全追溯平台建设，努力实现主要农产品全程可追溯，让老百姓吃得放心、吃得安心；第三，要大力推进农业标准化建设，加强标准的制定和执行，不断扩大标准化覆盖面。

3.5 农业科技创新体系建设

3.5.1 农业科技创新体系的基本任务

"十三五"以来，是深入推进我国农业供给侧结构性改革，转变农业发展方式，加快农业现代化建设的关键时期。我国农业面临的主要矛盾已由总量不足转变为阶段性的供过于求和供给不足并存。农业基础竞争力不强，比较优势逐步丧失，成为我国今后一个时期农业面临的最大挑战，迫切需要通过创新驱动，发挥科技支撑作用，注入新动力，增加新动能，实现转型升级，提高农业全要素生产率，提升农业综合效益和竞争力，推动农产品向高水平供需平衡跃升。

我国正在加紧对农业科技发展方向进行战略性调整：一是从注重农产品数量增长，转向注重农产品质量和农业整体效益的提高；二是从为农业生产服务为主，转向为生产、加工与生态协调发展服务；三是从以资源开发技术为主，转向资源开发技术与市场开拓技术相结合；四是从面向国内市场提供技术保障，转向面向国内、国际两个市场提供技术服务。推进现代农业发展，离不开农业技术体系。在农业科技发展方向调整之后，为农业实现"高产、优质、高效、生态、安全"五个基本目标提供充分而强大的科技支撑是现代农业科技创新体系建设的基本任务。

现代农业科技创新体系应以提高科技持续创新能力和效率为核心，以整合资源和创新机制为手段，以食物特别是粮食安全、生态安全和农民增收为主要任务，围绕产业链布局创新链、提升价值链、拓展生态链，提高土地产出率、资源利用率和劳动生产率，提高农业发展质量、效益和竞争力。一般包括知识创新、技术创新、成果创新和产品创制四个方面，由国家农业技术创新基地、区域性农业科研中心、试验站和企业农业科技研发中心为主组成的开放式体系。构建农业科技创新体系是一个庞大的系统工程，基于科技的产生与供给这条线索，可分为农业科技创新投入、农业科技创新需求、农业科技创新的组织制度和农业科技创新推广四个部分。农业科技创新投入决定了农业科技创新体系的资金来源，是农业科技创新体系的经济基础；农业科技创新需求是农业科技创新体系最主要的动力因素，其主体包括农户和农业企业两个方面；农业科技创新的组织制度是农业科技创新的核心，承担着创制科技产品的重任；农业科技创新推广是农业科技创新的输出，负责农业科技的供给。

3.5.2 农业科技创新体系建设的问题与挑战

　　第一，农业科研综合实力薄弱，结构不均衡。我国农业科技创新体系存在内部产业不均衡、产业内部各个学科结构不均衡、软技术与硬技术不均衡、单项技术与系统性技术不均衡、科研人员多而不精、农业科技业创新能力低等问题。

第二，农业科技创新机制不完善。例如项目立项脱离实际需求，农业科研机构研究效率低、没有以应用为导向，在农业系统内，农业产学研脱节，教学、科研、生产之间不协调，农业技术创新过程不畅；科研成果难以推广应用。

第三，农业科技创新资金不足，手段落后。资金不足在农业技术创新中尤为突出。首先是农业科研资金不足。农业新增固定资产形成一定程度能反映农业科研投入情况。2007—2016年的10年间，农业新增固定资产由2007年的229.81亿元上升到2016年的7 643.46亿元，年均增长47.61%。农业新增固定资产占新增固定资产的比重从2007年的1.63%上升到2016年的4.94%[①]。因此，农业和工业、服务业比较起来，投入明显不足，因而反映在新增固定资产形式上亦然。一些地方政府对农业技术推广的财政支出不但水平低，而且呈现下降趋势。特别是农业技术推广体系中人均技术总经费和人均推广经费不断下降。目前多数农业科研单位设备落后，图书资料少、现代信息手段缺乏。大部分科研院所仅具有应用常规技术的能力，缺乏使用高新技术的手段解决问题的能力。这种状况严重影响了农业科技创新。

第四，激励机制不健全，农业科技创新动力不足。缺乏有效的激励机制，尤其是基础性、公益性和前瞻性的研究方面，这将极大地影响农业科技创新实力的提高。

3.5.3 加快推进农业科技创新体系建设

2017年农业部印发了《"十三五"农业科技发展规划》，明确提出"十三五"期间农业科技发展的总体思路是：深入实施创新驱动发展战略和藏粮于地、藏粮于技战略，以推进农业供给侧结构性改革为主线，以保障国家粮食安全、重要农产品有效供给和增加农民收入为主要任务，以提升质量效益和

---

① 数据来源：根据国家统计局统计数据整理所得。

竞争力为中心，以节本增效、优质安全、绿色发展为重点，不断提升农业科技自主创新能力、协同创新水平和转化应用速度，为现代农业发展提供强有力的科技支撑。2017年科技部牵头，会同农业部等15个相关部门和单位，印发了《"十三五"农业农村科技创新专项规划》，提出实现四个"显著提升"和一个"更加优化"的发展目标，即显著提升农业科技创新能力和水平、农业综合效益和产业竞争力、创新基础平台和人才队伍建设水平、农业科技创新体系效能，更加优化农业农村创新创业生态。这都为我国农业科技创新体系建设指明了方向。为了实现我国农业"高产、优质、高效、生态、安全"的基本目标，需要优化供应链、延长产业链、提升价值链、拓展生态链，促进农业产业化。积极建立现代农业技术体系应在以下几方面积极努力。

第一，制定农业科技发展政策，突出农业科技创新重点。 从实际出发，制定具有强大政策导向作用和长远意义的农业产业发展技术政策。以产品创新和产品市场创新为中心，对那些技术含量多、市场潜力大、产品附加值高的农业产业予以重点扶持，加速其产业化。大力加强农业基础研究、加快推进前沿技术研究、着力突破农业技术瓶颈，取得一批重大实用技术成果。政策应充分体现对产业鼓励政策、优惠政策、风险分担政策、经费支持政策、知识产权保护政策等，促进农业产业发展，从而推动农业科技创新体系建设。

第二，完善农业科技创新机制。 要打破传统的农业科技体制宏观管理条块分割、组织布局分散、研发层次重叠、管理效率低下，学科设置陈旧，专业单一；建立以政府投入为主、多渠道投入并存的农业科技创新投入机制。农业科研单位要采取股份制等多种形式，加快成果产业化。逐步建立起以政府投入为主体的多渠道、多元化的农业科技投入体制；有效整合科技资源，建立协同创新机制，推动产学研、农科教紧密结合。鼓励企业承担国家各类科技项目，增强自主创新能力。充分发挥技术创新、试验示范、辐射带动的积极作用。加快农业技术转移和成果转化，加强农业知识产权保护，稳步发展农业技术交易市场。加强农业科技统筹、建立部际协调机制、完善部省联动机制、强化产学研协同创新、加强农业科技人才队伍和智库建设等。

第三，**改善农业科技创新条件**。加大国家各类科技计划向农业领域倾斜支持力度，提高公益性科研机构运行经费保障水平。支持发展农业科技创新基金，积极引导和鼓励金融信贷、风险投资等社会资金参与农业科技创新创业。加强国际农业科技交流与合作，加大力度引进消化吸收国外先进农业技术。

第四，**加快创新人才队伍建设**。要采取有效措施，加强农业科技队伍建设。重点是发挥高等农业教育系统培养人才的主力军作用，提高培养造就人才的质量；通过科研工作，在科技实践中培养造就高水平的学术人才；建立起人力资本合理使用和人才资源优化配置新机制，克服人才不足与人才闲置同时存在的不正常状况，要调动广大农业科技工作者的积极性，为他们创造一个良好的工作环境和生活氛围，建立激励机制，发挥人力资本充足的优势。

第五，**提升农业科技国际合作水平**。落实国家"一带一路"倡议和农业"走出去"战略，充分利用两个市场、两种资源，增强我国在农业重要领域的自主创新能力。加强双边和多边农业科技国际合作，打造"一带一路"沿线创新共同体。

链接

1.《关于加快推进农业科技创新持续增强农产品供给保障能力的若干意见》，中央一号文件，中共中央、国务院，2012年2月1日。

2.《国家创新驱动发展战略纲要》（国务院公报［2016］15号），中共中央、国务院，2016年5月19日。

3.《"十三五"农业农村科技创新专项规划》（国科发农［2017］170号），科技部、农业部、教育部、工业和信息化部、国土资源部、环境保护部、住房城乡建设部、水利部、国资委、国家质检总局、国家林业局、中科院、中国气象局、国家粮食局、国家海洋局、供销合作总社，2017年6月9日。

4.《现代农业产业技术体系建设实施方案（试行）》（农科教发［2007］12号），农业部、财政部，2007年12月11日。

4 科技兴农　重在何处
——如何把握农业科技创新的重点

　　党的十八大明确提出"科技创新是提高社会生产力和综合国力的战略支撑，必须摆在国家发展全局的核心位置。"强调要坚持走中国特色自主创新道路、实施创新驱动发展战略。《国家创新驱动发展战略纲要》明确提出，到2020年时，我国将进入创新型国家行列；到2030年时，我国将跻身创新型国家前列；到2050年时，我国将成为世界科技创新强国。党的十九大报告中指出："要瞄准世界科技前沿，强化基础研究，实现前瞻性基础研究、引领性原

创成果重大突破。加强应用基础研究，拓展实施国家重大科技项目，突出关键共性技术、前沿引领技术、现代工程技术、颠覆性技术创新。"全球新一轮农业科技革命方兴未艾，加快推进创新驱动发展战略，要在强化农业基础研究的同时，加强农业前沿技术研究，突破现有农业技术瓶颈，为实现我国农业产业兴旺、乡村振兴助力。

4.1 农业基础研究怎么看

农业基础研究是指农业领域为获得关于现象和可观察事实的基本原理及新知识而进行的实验性和理论性工作，它不以任何专门或特定的应用或使用为目的。随着科学和技术一体化发展趋势的不断加快，农业基础研究对农业技术创新的推动作用越来越显著。农业基础研究作为农业科技创新工作的重要组成部分，是促进农业技术进步的原始动力，是提升农业科技创新能力的核心竞争要素，是培育农业创新人才和农业科技创新团队的摇篮，是衡量农业科研水平和学术影响的重要标志。

4.1.1 农业基础研究意义何在

加强农业基础研究是顺应科技计划改革的必然要求。党的十八大以来，党中央、国务院日益重视科技创新，并对科技创新发展做出了一系列重要部署。国家科技体制改革及中央财政科技计划改革格局已定，基础研究在整个科研资源的投入方面将占有更重要的地位，市场不能有效配置资源的基础前沿等公共科技活动将得到政府的重点支持。顺应科技计划改革的新常态，必须更加重视农业基础研究工作，突破重大基础理论和方法，不断为农业科技创新提供知识源泉，特别要注意加强对新的中央财政科技计划中基础研究类项目的部署，争取超前谋划发展思路。

加强农业基础研究是推进国家农业科技进步的必然要求。随着全球农业发展变革与升级加速，世界各国抢占农业科技发展制高点的竞争加剧，基础研究将成为农业科技进步的核心竞争要素。顺应科学与技术、经济加速融合的新常态，必须抢占原始创新的科技制高点，创新农业科研方法、揭示农业科学原理，力争突破一批重大基础理论和方法，为农业科技进步提供源头活力，驱动本领域创新水平整体跃升，促进解决一些长期悬而未决的重大关键技术问题。

加强农业基础研究是提升科技创新能力的重要途径。农业基础研究工作通过不断创新知识、原理和方法，增强对农业发展本质的认识，为新的技术发明和创造提供理论前提。通过加强农业基础研究工作，不断推动农业理论与方法创新，推动农业学科发展和农业人才的成长。随着基础研究的突破越来越多地

 数说

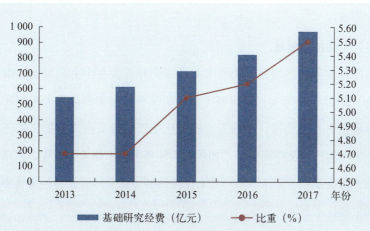

2013—2017年我国基础研究经费及其占总研发经费的比重（％）

2013—2017年，我国越来越重视基础研究，基础研究经费由2013年的555亿元，增长至2017年的975.5亿元，基础研究经费占总研发经费的比重也由2013年的4.68%增长至2017年的5.54%。

数据来源：《中国统计年鉴2018》。

转化为应用研究成果，基础研究对技术创新的推动作用和对农业科技创新能力的提升也越来越显著。

加强农业基础研究是培养高水平科研人才的重要途径。农业基础研究以培养高素质创新人才为基本使命，是人才培养的摇篮。农业基础研究是一项具有很强的创新性和风险性的工作，在短期内不能看到研究成果，需要长时间的研究和积累，最能锻炼科研人员的创新意识和创新思维。基础研究培育出在基础前沿不断探索、求真务实的高水平科研人才，为科技事业的发展提供源源不断的知识动力。

4.1.2 农业基础研究重点何在

以历年中央一号文件为指导，系统分析经济发展进入新常态对农业科技创新的新需求，结合我国农业科技投入的战略导向，可以得出现阶段我国农业基础研究的重点。

（1）生物种业领域。

扶持种业创新、加强生物技术基础研究和开发在中央一号文件中几乎年年提及。2017年一号文件提出要"加大实施种业自主创新重大工程和主要农作物良种联合攻关力度，加快适宜机械化生产、优质高产多抗广适新品种选育"[1]；2016年一号文件则强调"加强农业转基因技术研发和监管，在确保安全的基础上慎重推广"[2]；2015年一号文件谈到要"加强以分子育种为重点的基础研究和生物技术开发"[3]等。

---

[1] 中共中央　国务院，《关于深入推进农业供给侧结构性改革　加快培育农业农村发展新动能的若干意见》，中央一号文件，2016年12月31日。
[2] 中共中央　国务院，《关于落实发展新理念加快农业现代化　实现全面小康目标的若干意见》，中央一号文件，2015年12月31日。
[3] 中共中央　国务院，《关于加大改革创新力度加快农业现代化建设的若干意见》，中央一号文件，2015年2月1日。

案例

李家洋院士团队：水稻分子育种

李家洋院士领衔的攻关团队因"水稻高产优质性状形成的分子机理及品种设计"研究荣获2017年度国家自然科学奖一等奖。

水稻产量由有效穗数、每穗粒数、结实率和粒重等要素决定。其中，水稻株型由植株高度、分蘖（分枝）数目和分蘖角度等因素构成。水稻株型的"高""矮""胖""瘦"直接影响植株的光合作用效率与土地利用率，进而影响有效穗数和穗粒数，是决定水稻产量的关键因素。水稻的"理想株型"是现代育种理论和技术中孜孜追求的一个梦想。团队成员经过十余年的艰苦探索和攻关，发现分离了控制水稻理想株型的主效基因IPA1（英语"理想株型"的缩写），并深入解析了由IPA1主导的调控"理想株型"的网络系统。与此同时，团队在解析水稻株型形成的遗传调控网络的研究中，揭示了新型植物激素独脚金内酯调控株型发育的重要作用和调控机理。

团队充分利用基础理论研究的优势和成果，建立了水稻分子设计育种的理论框架与技术体系，培育了基于"理想株型"的"嘉优中科"系列水稻新品种和具有"籼稻产量、粳稻品质"特征的"广两优"系列品种，已经在长江流域进行推广，为我国水稻分子设计育种与生产的跨越式发展奠定了开创性的基础。国际著名作物遗传学家、国家最高科学技术奖获得者、中国科学院院士李振声高度评价："这一重大成果是继'绿色革命'和杂交水稻后的第三次重大突破，标志着'新绿色革命'的起点"。

新形势下，农业主要矛盾已由总量不足转变为结构性矛盾，突出表现为优质农产品存在巨大产需缺口，高端优质专用产品供给不足，现有品种难以满足市场多样化需求等，迫切需要培育抗旱、耐盐碱、抗病虫、养分高效利用等环境友好型农林植物新品种和抗病高效动物新品种。由于目前我国基因编辑、动植物群体繁殖调控等原创性技术缺乏，分子标记开发和分子育种技术应用较少，全基因组选择技术尚处研发阶段等原因，导致育成的动植物品种不能高质量发展，无法满足多元化消费需求，特别是缺乏适应农业生产方式转型升级的资源高效利用、适宜机械化轻简化的农作物新品种。为向生物种业提供源源不断的创新源泉，应继续多维度攻克种业重大基础科学问题，破解生物育种重大技术瓶颈。

（2）农业资源高效利用领域。

当前，我国农业生产面临着资源捉襟见肘、生产投入大、农产品产地环境和质量安全风险高、土地生产力可持续性差等诸多资源难题，资源能源约束日益紧张，农业生物高效种养理论与技术体系尚未构建，农业重大生物灾害绿色防控体系无法满足当前农业生产需求，现有农作物节水技术与装备尚不能完全应对我国水资源不足和旱区农业发展的要求，具有独立知识产权、在农业生物健康高效养殖中发挥重要作用的新型生物农药、疫苗等产品相对较少，农业生产技术仍停留在资源高投入阶段，导致我国成为世界上最大的化肥和农药等农业投入品使用国。其中单位耕地面积化肥使用量是世界平均水平的3倍、欧美国家的2倍，单位面积农药使用量是美国的2.3倍、欧盟的2倍。迫切需要加强相关基础研究和技术创新，提高耕地、农业用水、肥料、林产资源等利用效率。

（3）农林生态环境领域。

目前，我国缺少生物质及废弃物高效转化的配套技术及设备，在循环农业、生态农业、中低产田改良、绿色投入品、肥料农药精准管理、农业源污染物排放等机理及技术研究方面储备严重不足，缺乏农林废弃物资源高效利用技术。我国耕地污染点位超标率达19.4%，中低产田占比近70%，森林每公顷蓄积量仅为世界平均水平的69%，农业废弃物资源年排放量50多亿吨，生态环境压力始终居高不下,与发展绿色农业和林业、建设生态文明的要求不相适应,迫切需要加强相关基础与应用基础研究,包括农业生态系统中污染物源头解析、转化迁移过程与机制、污染机制和绿色修复,中低产田障碍因子形成过程及影响机制,农业面源污染形成的过程及机理,农林非生物灾害形成及致灾机理等。

案例

库布齐沙漠治理

库布齐沙漠是中国第七大沙漠,也曾是令人生畏的"死亡之海"。专家曾认定这里的植被无法存活,不适宜人类居住。但现在,眼前舒展起伏的金色沙海里穿插着一片片盎然的绿色。寂静沙漠里,听得到徐徐风声与婉转鸟鸣,植物清香淡淡飘散,沙地里还有野生动物奔跑过的足迹。作为全球唯一被整体治理的沙漠,库布齐已经是教科书级别的世界奇迹。2017年9月,联合国发布第一份生态财富报告显示,库布齐已修复绿化沙漠6 253平方千米,创造5 000多亿元生态财富,让当地10万农牧民脱困。

通过亿利、伊泰、东达等龙头企业带动,库布齐沙漠形成了生态修复、生态牧业、生态健康、生态旅游、

生态光伏、生态工业"六位一体"和一二三产业融合发展的生态综合体系。目前,鄂尔多斯市沙柳、柠条、杨柴、沙棘等林沙产业总产值达到45亿元人民币,实现了生态效益、社会效益、民生效益、经济效益的有机统一。通过30年来坚持不懈的努力,库布齐沙漠治理带动了产业发展、改善了农牧民生产生活条件、促进了脱贫致富,沙漠的负资产变成了地区经济发展的绿色资产,黄沙遍野变成了绿水青山、金山银山,更多农牧民共享到了沙漠生态改善和绿色经济发展的成果。

（4）农业装备与信息领域。

我国已经是世界农业装备生产和使用大国，产业发展进入新的历史阶段。但是，我国在农业大数据、物联网等关键技术上与国际领先水平相差10～20年，重大农业装备产品整体技术水平落后，特别是在作业效率、损失控制、水肥种药施用控制等方面差距显著，农机智能控制技术、农机及农业信息产品与国外仍有20多年差距；我国90%以上国产农业装备为中低端产品，80%左右的农业装备为田间生产装备，无法满足现代农业发展的需求，大部分高端装备以进口为主。

在新型工业化、信息化、城镇化、农业农村现代化同步推进的新形势下，农业装备产业急待拓展领域、增加品种、完善功能，加快向自动化、信息化、智能化发展。通过强化高质高效农业装备技术创新，构建农业全程信息化和机械化技术体系，实现精耕细作与现代物质装备相辅相成。

（5）食品资源加工领域。

我国农产品多而不优，突出问题是精深加工不足、产业链条短、竞争力低下。针对健康中国2030、乡村振兴战略等国家战略需求，中国人群膳食需求与健康调控基础、优质化食品的现代加工制造、食品储运链条绿色低损保障三个突出问题急待破解。迫切需要阐明食品、营养与健康供应链保障技术体系，不断提升我国食品品质过程控制与营养安全综合保障技术水平。

我国食品营养健康理论有待突破，食品加工技术装备整体上仍处于初加工多、综合利用差、能耗高的阶段，国产食品加工设备的智能化、连续化能力较低，射频工程装备的设计水平、稳定可靠性及质量与发达国家有较大差距。以食品酶工程为例，我国酶制剂市场很大，但70%以上的市场份额已被国际大型酶制剂公司所垄断，食品生物技术急待突破。

以我国传统和现代膳食模式为基础，以遗传背景为切入点，利用微生物学、营养学、生物信息学及现代组学等多学科技术，重点开展食品营养健康基础研究。研究中国人膳食需求和健康调控机理、食品营养成分与代谢综合征预防、食品与肠道微生态关系等。引入结构化学与量子化学的理论和方法，研究食品物性科学基础及绿色制造、营养健康的关系，研究食品品质形成与调控机制，探索加工过程中食品微观分子和宏观功能特性的变化规律与影响机理，揭示食品加工新机制，增强食品产业的原始创新能力。

4.2 农业前沿技术研究怎么看

农业前沿技术是指农业高技术领域中具有前瞻性、先导性和探索性的重大技术，是未来农业高技术更新换代和农业新兴产业发展的重要基础，是国家高技术创新能力的综合体现。

4.2.1 农业前沿技术研究意义何在

我国对发展农业前沿技术具有迫切需求。一是日益激烈的国际竞争迫切需要提高前沿技术实力；二是从依靠资源要素投入及低成本劳动力比较优势支撑发展模式向创新驱动、内生增长轨道转变的经济发展方式，迫切需要前沿技术提供新引擎；三是解决农业发展重大问题迫切需要前沿技术作为支撑。

农业新兴产业的推动离不开农业前沿技术的创新。前沿技术正在引领并支撑现代农业发展，形成新突破、新产品、新业态和新产业。从发展趋势来看，农业生物技术、农业信息技术的研究进展迅速，从前沿技术到产业应用的过程加速、周期变短，这对于农业新兴产业如生物种业、农业生物药物创制和生物质能源行业等的蓬勃发展具有重要的推动作用，同时对于一些传统农业产业的升级、转型也具有极大的促进作用。

我国农业前沿技术发展进入了新的阶段，取得了举世瞩目的成绩，而且近年来我国农业前沿技术研究逐步从跟踪模仿为主向加强自主创新转变，为进一步发展前沿技术奠定了良好基础。

4.2.2 农业前沿技术研究重点何在

通过对世界农业前沿技术的发展现状及趋势进行分析，对比我国农业前沿技术及新兴产业的现状，应遵循"以自主创新为战略核心，坚持突破前沿技术、创制重大产品、培育新兴产业、引领现代农业"的发展思路，加快推进农业前沿技术研究，力争取得一批重大自主创新成果，抢占现代农业科技制高点。

（1）植物基因组编辑技术。

传统育种是一个费时费力的过程，要得到稳定的预期农艺性状，育种家通常需要连续多代进行遗传杂交以及反复的筛选工作。随着基因组测序技术的进步，多个物种的基因组已完成测序，众多重要基因的功能也得到解析。因此，如何在解析基因功能的基础上完成对基因组的精准编辑和快速高效的精准育种已成为当前重要的研究目标。

基因组编辑技术是实现精准育种的重要手段。基因组编辑技术是指对基因组进行定点修饰的一项技术，能够精确地定位到基因组的特定位点上，实现对特定DNA片段的敲除、插入、替换等"编辑"。基因组编辑技术是继转基因技术之后在生物遗传操作领域的又一革命性技术，它推动生命科学研究从"基因挖掘解读"到"基因设计改造"的发展进步。经过短短几年时间的发展，基因组编辑技术已经在植物基础生物学研究及作物育种领域显现出了巨大的应用潜力，解决了许多之前无法定向创制突变材料的难题，也已经创造了一些优良品种。

（2）全基因组选择技术。

全基因组选择技术是21世纪以来广泛应用于作物育种中的一个新兴技术，它主要利用覆盖全基因组的高密度分子标记进行育种值预测，从而为选择优异的育种材料提供参考。

最近几年全基因组选择技术在作物育种基础理论研究与实际应用研究方面取得了一系列重要进展和突破，开展全基因组选择技术育种研究的农作物数量和类型逐年增加，涉及的具体性状也不断增加。全基因组选择技术将是未来

10~20年农作物育种研究的重要研究方向，将在提高农作物育种效率中发挥更加重要的作用。

随着农作物基因组测序工作的陆续完成，各类高通量测序技术的快速发展，多种全基因组遗传信息分型技术的不断更新，全基因组选择技术将从主要农作物玉米、小麦、水稻等育种研究逐渐辐射到更多作物中，同时也将涉及更多具体的农艺性状和更多研究领域，为培育更多高产、优质、多抗、广适的农作物新品种提供技术支撑。

案例

全基因组选择：荷斯坦公牛

2017年1月9日，中国农业大学动物科技学院教授张勤、张沅及其团队成果"中国荷斯坦牛基因组选择分子育种技术体系的建立与应用"获得了2016年度国家科学技术进步奖二等奖。

张勤、张沅领衔的科研团队系统开展了奶牛基因组选择分子育种技术研究，取得了一系列重要创新性研究成果，建立了完善的技术体系，并大规模产业化应用；创建了具有自主知识产权的中国荷斯坦牛基因组选择技术平台，提升了我国奶牛遗传评估的整体技术水平；发掘了一批奶牛重要经济性状功能基因，为提高基因组选择准确性提供了重要基因信息；研发了奶牛遗传缺陷和亲子关系的分子鉴定技术，建立了中国荷斯坦牛种公牛遗传缺陷及亲子关系监控体系。

基因组选择分子育种技术被农业部指定为中国荷斯坦牛青年公牛的遗传评估方法，自2012年起在全国所有种公牛站推广应用，四年间选择了930头优秀青年公牛

在全国使用，至少可获得232.5万头优良后代母牛，大幅提高群体遗传改良速率和生产效益。公牛选择准确性达到0.67~0.80，较常规选择技术提高了22%；公牛世代间隔由常规育种的6.25年缩短到1.75年；年遗传进展达到0.49遗传标准差，较常规选择技术提高一倍，每头母牛的年产奶量提高225千克；成果应用以来已获经济效益13.35亿元，预计未来5年还将产生经济效益96.12亿元。

（3）C_3植物的C_4合成技术。

作物的收获指数是衡量作物产量的重要指标，目前水稻、小麦的收获指数都接近0.5，即这两种作物的粮食产量占全部生物量的近50%，通过传统育种实现粮食产量的大跨度提高已不可能。幸运的是，世界上还有另一类植物（C_4植物，如玉米、高粱和甘蔗等），它们的光合效率要比C_3植物高出50%，生物学产量高1.5~3.0倍，水分和氮素利用效率高出1倍以上。

2006年国际水稻研究所联合国际上24个实验室发起了"C_4水稻计划"，又被称为生物学领域的"阿波罗登月计划"，旨在通过C_4途径导入水稻，大幅提高水稻单产。如果将C_4途径导入水稻，光合效率将大幅度提高，单产提高30%~50%，水分利用率高出1倍，氮素利用效率也更高。C_4水稻的培育是一项前瞻性、颠覆性研究，尽管需要时间较长，一旦成功将是人类现代文明的一件大事，而且这项成果可推广至小麦、棉花、油菜、大豆等C_3作物，具有划时代的意义。

（4）作物根系研究技术。

根系是植物吸收土壤水分、养分的最主要器官。根系表型因基因型的不同而有极显著的差异。较长时间以来，与植物基因组相关的研究和应用发展极为迅速，而植物表型技术的研究和应用相对滞后，特别是生长在土壤中的根系，在无损前提下对其进行观测尤为困难。随着信息技术的飞速发展，采用成本日益降低的图像采集设备和功能快速提升的图像解译技术，高通量根系表型技术得到了迅速发展，已能对不同栽培基质的作物进行高通量二维根系数据采集与分析。而随着三维扫描技术的发展，X射线断层扫描成像技术（CT）和核磁共振成像技术（MRI）等在根系空间结构特征研究方面也已展开。由于盆栽试验通常只能获得植物生长前期的根系表型数据，且室内生长条件与大田差异显著，因此，为获得更精确反映大田作物根系表型，适用于大田根系表型参数获取的技术需要进一步研究。

植物生长过程是其与环境互作的复杂过程。为精确分析不同根系表型对土壤水分、养分吸收效率的影响，以及根系生长、养分吸收与植物地上部光合作用、光合产物分配等方面的复杂反馈关系，近年来国际上已开发了精确模拟植物根系与地上部分构型及功能的三维模型，并应用此类模型对根系进行评估与设计，对优选低成本构建根系、高效利用土壤水分和养分的根系构型进行了深入研究。由于目前开发的高通量根系表型技术主要在室内应用，所获得的根系表型与大田条件下的表型有较大差异，因而并发可客观反映大田条件下根系表型的高通量技术也是未来前沿的研究热点。

（5）高光谱成像与传感器技术。

随着生活水平的不断提高，人们对农产品质量的要求也越来越高，改善农产品质量已成为生产者和消费者共同关注的热点问题。随着科学技术的发展，信息技术在农产品质量安全监管中的作用越来越突出。伴随着计算机技术和现代传感器技术的发展，现代成像技术的应用领域也在逐步的拓宽，为农产品自动化检测提供了多方位的解决方法和思路。高光谱成像和传感器技术作为一种新兴的无损检测方法，通过对图像信息的采集与分析，从而实现农产品品质信息的快速、无损、高效、低成本检测，为农产品现代化加工流程中的自动控制和分级管理与监控提供信息支持。随着高光谱成像技术和传感器技术的不断发展和成熟，以及系统数据处理性能的提升和成本的降低，光学成像技术已代替传统人工或仪器检测方法，在农产品品质信息的快速、高效、可靠、无损检测中得到越来越广泛的应用，对于食品加工和检测具有重要意义。

拓展阅读

高光谱成像（HSI）技术在农业中的应用

一般来说，HSI技术是指利用多个光谱通道进行图像采集、显示、处理和分析解释的技术。它通过探测器件随着波长的扫描而采集相应图像，则可以得到光谱图像序列。HSI技术结合光谱技术与计算机图像技术两者的优点，可获得大量包含连续波长光谱信息的图像块，在农产品品质检测中结合HSI技术能够增强检测的精度。高光谱不仅可以反映农产品表观信息，还可以分析农产品内部物理结构及化学成分。目前，高光谱技术在农业方面应用最为广泛。

HSI技术常常被用来对水果、蔬菜、肉类和谷物的外部品质进行检测。例如，利用HSI技术可对苹果表面损伤情况进行检测；水果在种植和收获过程中受病菌等污染严重，利用HIS可对被污染的苹果进行识别；除此之外，还可以用于水果冻伤、真菌感染及缺陷分类识别研究。蔬菜因为损伤区域与正常区域区分度不大，采用传统机器视觉技术识别一些蔬菜（如黄瓜和番茄）表面的损伤是非常困难的。然而HSI技术在识别这类缺陷上表现出了较大的潜力。HSI技术还可应用于检测禽类排泄物及摄取食物在加工过程中对禽肉的污染。

4.3 农业技术瓶颈怎么办

4.3.1 农业技术瓶颈痛在何处

现阶段我国农业发展面临诸多制约因素，其中在良种培育、节水灌溉、农机装备、新型肥药农药、动植物疫病防控、农产品加工贮运等方面的技术急待突破。

（1）良种培育。

种业是农业产业链的源头，是国家战略性、基础性核心产业，在保障国家粮食安全和农业产业安全上发挥着不可替代的作用。目前我国新品种或配套系广适性不强，性状表现不稳定，推广面小；突破性动植物品种仍然缺乏，尤其是畜禽品种进口数量仍然比较大。育种创新能力较低，种业品种研发主要依靠科研教学单位，科研与生产脱节。育种力量分散，育种方法、技术和模式落后，畜禽联合育种机制缺乏。育种企业竞争能力较弱，数量多、规模小，技术力量薄弱，科技创新能力和市场竞争力不足，尚未形成市场普遍认可的优势品牌。

应加快以强化生物种质资源保护和高效利用为目标的育种材料和育种方法的创新。开展作物种质资源普查与系统调查技术规范制定，完善种质库和原生境保护点的安全保护与监测预警。攻克基因型高通量精准鉴定技术，实现种质资源大规模基因型鉴定，发掘作物种质资源新基因。加强转基因、分子标记、细胞工程技术、植物代谢工程和生物反应器等生物育种新技术研究，加快杂种优势利用、基因编辑等技术的应用，有效发掘我国丰富的基因资源，为动植物种业发展源源不断提供新品种。

（2）节水灌溉。

加快节水灌溉技术的推广，利用水资源管理信息化系统向水利和"三农"政策制定者和决策者提供如地表及地下水资源量、地下水位、用水量、水质等各种数据的收集、分析和处理，提高政策规划和财政预算的精确性及有效性，

从而提高我国农田的灌溉水利用率，缓解我国水资源紧缺和生态环境恶化的问题。

应当开展抗旱节水农作物新品种选育与利用，以及农田精量控制灌溉关键技术与装备、农业节水绿色环保新材料与制剂、农田水资源保蓄、劣质水资源化高效安全利用等技术研究，研发农田多尺度信息采集技术及设备，建立精准灌溉与智慧节水灌区。

 数说

我国农业节水灌溉任重道远

农业用水一直是我国的耗水大户，占全部耗水总量的60%以上，这其中灌溉用水又占农业用水的90%左右。传统的农业灌溉过程存在着巨大的水资源滥用与浪费，目前我国的灌溉水有效利用系数仅为0.53，意味着有近一半的水资源在灌溉过程中被浪费。

《全国水资源综合规划》明确指出，到2020年，全国用水总量力争控制在6 700亿立方米以内；到2030年，全国用水总量力争控制在7 000亿立方米以内，农田灌溉水有效利用系数提高到0.6。

案例

以色列的精准滴灌技术

以色列自1948年以来，农业生产增长了12倍，而每公顷土地的用水量仍保持不变，这不能不说是个奇迹。由电脑控制的水、肥、农药滴灌、喷灌系统是以色列现代农业的基础。它巨大的经济和社会效益证明，以滴灌为代表的科学灌溉能够大大缓解全球水资源危机，也是突破资源环境限制发展现代农业的重要路径。

以色列发明了滴灌技术，如今遍布世界各地。滴灌技术是最省水的灌溉方式，可以在给每一株植物浇水施肥的同时，避免水肥的浪费。全球著名的智能滴灌和微灌解决方案提供商以色列Netafim灌溉公司，它的滴灌技术与众不同。Netafim可以生产多种形式的滴头，根据不同植物变换滴头，以确保水肥施用效率，保证了植物的有效生长，同时有效防止杂草出现。

Netafim公司的滴灌系统均由电脑控制，依据传感器传回的土壤数据，决定何时浇水施肥，同时还可以精准确定浇水施肥的量，绝不浪费水肥资源的同时也保证作物生长的需要。通过时间监控系统，随时随地观测植物生长情况。Netafim公司开发了一系列的专门为植物量身施加水肥的NutrigationTM系统。

滴灌的效益是惊人的。传统的大田漫灌的灌溉方式，85%的水都被浪费了，而地表滴灌可把水的利用率大幅提高到约80%，而地下滴灌可提升到95%以上，基本上是不浪费的利用。另外一个重要效益就是节省人力成本，铺完管线以后，大量农田的灌溉可由少数几个人通过智能设备来控制。

（3）农机装备。

当前，我国正处在工业化、城镇化和农业现代化加快发展的重要阶段，农机产品的国内需求仍处于快速增长期。农业现代化和农业产业化进程的加快，为农机产业提供了广阔的发展空间。但我国农业机械装备领域与发达工业国家相比还有较大的提升空间。我国农业机械装备制造业，需要加快通过创新实现突破，通过产业结构优化实现适应经济新常态的战略性调整，为行业注入新的能量，实现由制造大国到制造强国的跨越。

围绕保障粮棉油糖安全增效、农业全程机械化发展需求，重点突破水稻机插和油菜、花生、棉花及甘蔗机收等技术瓶颈，加大粮食和优势经济作物生产全程成套装备研发力度；加大农产品精深加工成套装备、大功率拖拉机配套农机具等的研发力度，提高农业装备的适用性、便捷性和作业效率。

案例

2BMFJ系列免耕覆秸精播机

针对焚烧秸秆屡禁不止、耕地地力日趋下降、水土肥药流失严重、播种质量差等难题，我国攻克了原茬地清秸防堵、种床整备、精密播种、施肥喷药和已播地秸秆均匀覆盖同步作业等关键技术，创制了30~210马力*拖拉机配套2BMFJ系列多功能原茬地免耕覆秸精播机，对各种作物原茬地，一次进地可完成7项作业工序，性能指标达到UB/T 6973-2005《单粒（精密）播种机试验方法》要求的优等品水平，实现了精耕细作与保护性耕作技术的动态融合，适用于各产区、各种地块大豆、玉米、花生等作物平作、大小垄作模式，增产15%以上、节本增效80元／亩以上。有效解决了长期困扰农业生

产的秸秆处理、匀植保苗、培肥土壤和防止水土肥料流失难题，建立了高度轻简化耕播机械化技术体系，增产增效显著。

* 马力为非法定计量单位，1马力＝735.5瓦。

（4）新型肥料、农药。

在农业污染防治压力日益严峻的背景下，新型肥料和农药的研发刻不容缓。重点开展氮磷减施增效与化学农药减量控施的机理与调控途径、耕地地力对化肥利用率影响机制等应用基础研究；研发新型肥料与化肥替代减量、化学农药替代减量技术及高效施肥施药装备；集成主要粮食、蔬菜、果树和经济作物的化肥农药减施技术模式，并进行大田示范。

案例

杀菌剂丁香菌酯

腐烂病、纹枯病、稻瘟病、枯萎病和蔓枯病等是农业生产中难防治的病害，严重影响小麦、水稻及果蔬产量和品质，是急待解决的农业重大技术难题。杀菌剂丁香菌酯历时11年研制而成，安全高效，含香豆素和丙烯酸酯两个天然产物片段。该药不仅攻克了上述病害防治难题，还具有很好的抗病毒活性，兼治害虫尤其是能传播病毒的蚜虫等，且具有促进作物生长的保健作用。目前，该药已在全国近20个省份推广应用，防病治病效果良好，增产增收效果显著。

香豆素基因　丙烯酸酯基团

（5）动植物疫病防控。

重点加强动物病理学、疫病流行病学等基础研究，以及动植物重大疫病诊断、监测预警与防控，农业及草原重大生物灾害发生发展规律等技术研究，构建重大农业有害生物监测预警系统、网络平台及综合防治技术体系。加强生物疫苗、生物兽药、诊断试剂盒、新型生物农药等产品研制，有效防控动植物重大疫病与重大农业有害生物灾害。

（6）农产品加工贮运。

应当加强以减少农产品产后损失为目标的农产品物流和仓储技术的研发。以大宗鲜活农产品为重点，强化产品预处理、贮藏保鲜、冷链物流、快速配送等技术研究，大幅度降低农产品流通的损失。开展粮食收获后烘储特性、高水分粮食快速干燥脱水技术与工艺等规模化农户粮食收贮运预处理技术与装备研究，降低粮食贮藏损失。

 数说

我国农产品物流水平急待提升

在我国农产品的成本中，粮食物流成本占比为40%左右，蔬菜、水果等生鲜农产品的物流成本占比为60%以上，而美国的占比则分别是10%~20%和30%。我国农产品在物流环节的平均损耗率为30%，水果、蔬菜这些鲜活农产品的损耗率是35%，而美国的水果、蔬菜在物流环节的损耗率仅为2%左右。由于贮藏和初加工能力仍与实际需求差距巨大，我国每年农产品产后损失超过3 000亿元，相当于1.5亿亩耕地的投入和产出被浪费。

4.3.2 突破农业技术瓶颈路在何方

想要突破现有的农业技术瓶颈，应当从以下几个方面加强工作：

一是构建国家农业科研体系高效协同机制。在重大科技任务实施中加强统筹、协调，推动形成全国农业科技工作"一盘棋""一条龙""一体化"新格局。推动组建重大科技任务攻关协作网，建立高效协同创新机制和制度，完善重大任务目标控制与评价制度、资源共享与运转制度、成果集成与分享制度。

　　二是强化农业行业科技的顶层设计。按照上、中、下游一体化全链条设计思路，梳理农业发展的重大科学问题、技术体系问题，凝练和组织实施重大科技任务。加强农业科技专项管理专业机构建设，并探索国家农业科技创新联盟、农业科研国家队等在重点专项中发挥任务凝练、项目评审、组织实施、绩效评估等方面的主体作用。

　　三是构建符合农业科技规律的财政稳定支持机制。依据农业科技基础性、公共性、社会性性质，充分发挥政府财政专项支持作用，对农业基础性长期性科技工作、区域农业综合发展等科技任务，设立财政专项和科技重大专项，稳定支持由行业部门组织管理，国家农业科技创新联盟及农业科研国家队等牵头组织实施的重大科技任务。

　　四是鼓励和支持企业成为农业技术创新与服务的主体。继续支持企业开展技术创新和技术服务工作，支持和培育企业成为技术创新的主体，同时成为技术创新的投入主体和创新效益的分享主体，鼓励和支持农业科研机构在公共科技资源、科技成果转化、科技人员智力转移等方面向企业流动。

　　五是强化绩效管理，健全分配激励机制。改革现有的收入分配政策，健全与岗位职责、工作业绩、实际贡献紧密联系的分配激励机制；健全科技人才流动机制，推动科研机构去行政化，鼓励科研院所、高等学校与企业创新人才双向交流，完善兼职兼薪管理政策；落实激励科技创新的税收政策，推进科技评价和奖励制度改革，制定导向明确、激励约束并重的评价标准，充分调动项目承担单位和科研人员的积极性、创造性。

　　六是推进科技评价，强化长效机制建设。完善科研人员评价制度，创造鼓励潜心科研的环境条件；建立激励科技人员创新积极性的导向机制，构建科学的评价指标体系，结合工作成效、发展基础、工作目标、发展途径等方面进行全面系统的评价，并且在此基础上总结成果，发现不足，改进提高。在对科技成果分类评价的同时，强化长效激励机制建设，以达到持续提升科技人员科技创新积极性的目标。

七是加强知识产权保护与成果转化。进一步简政放权，改革知识产权行政审批制度，加强知识产权的保护力度，充分发挥市场配置创新资源的决定性作用。加快成果转化，改革分配制度，进行有偿的收益评价与分配，建立符合科技成果转移转化规律的市场定价机制。通过协议定价、技术市场挂牌交易、拍卖等方式确定成果交易；建立健全科技成果转移转化收入分配和激励制度，对科技成果完成人（团队）、院系（所）以及为科技成果转移转化做出重要贡献的人员、技术转移机构等进行奖励。

 链接

1.《中国农业农村科技发展报告（2012—2017）》，中国农业科学院，2018年9月20日。

2.《2017中国农业农村新技术、新产品和新装备》，中国农学会、中国农业科技管理研究会，2018年9月20日。

3.《关于印发〈2018年农产品质量安全工作要点〉的通知》（农办质〔2018〕6号），农业部办公厅，2018年2月2日。

4.《关于加快推进现代农作物种业发展的意见》（国发〔2011〕8号），国务院，2011年4月10日。

5.《关于印发全国农业现代化规划（2016—2020年）的通知》（国发〔2016〕58号），国务院，2016年10月17日。

6.《关于印发"十三五"国家基础研究专项规划的通知》（国科发基〔2017〕162号），科学技术部、教育部、中国科学院、国家自然科学基金委员会，2017年5月31日。

5 科技兴农　成就恢弘
——新中国成立70年农业科技发展成就

　　新中国成立以来，国家高度重视农业科技发展，大力实施科教兴农战略，不断加强生物技术、信息技术等高新技术在农业领域的研究与开发应用，积极推广优良品种和农业先进适用技术，农业科技自主创新能力大幅提升。农业科技始终贯穿育种、栽培与养殖、植保及疫病防控的各个环节，也有力驱动了农业机械化、绿色化发展，带动了农村新产业新业态蓬勃涌现，为我国实现粮食总量安全、农产品数量及质量提升、农业多元发展、集约绿色高效和促进农民持续增收做出了巨大贡献，科技引领与支撑现代农业发展的成效显著。

　　育种研究从几乎"一穷二白"，到现在建成较完善的种质资源保护与利用体系，作物资源保存总量居世界第二，主要农作物良种基本实现全覆盖，自主选育品种面积占比达95%，畜禽水产供种能力不断提升，步入主动创新发展阶段；作物高产优质高效栽培技术不断取得突破，支撑了我国粮棉油糖和菜果茶等农产品由长期短缺到丰年有余；我国畜禽和水产养殖科技在十分落后的基础上全面发展，科技在畜牧业和渔业发展中的贡献率已超过55%，部分研究达到国际先进水平，保障了肉蛋奶鱼的供应从极度短缺到自给自足，并朝着绿色和营养健康方向发展；植物保护和动物疫病防控的科技实力显著提升，植保产品研发与应用核心技术整体处于国际先进水平，以禽流感为代表的动物疫病防控研究世界领先，有效控制了重大病虫害和动物疫病暴发的危害，实现了健康种植与养殖；农业机械设备的推广应用，从根本上改变人扛牛拉为主的传统生产方式，我国已成为世界第一农机制造大国和使用大国；灌溉科学技术、农作物生物防控技术迅猛发展，化肥农药减施增效技术不断突破，各类环保技术有效促进了农业废弃物资源化利用，科技极大支撑了我国绿色农业的发展；大数据、云计算、物联网、人工智能、移动互联网、生物技术等现代科学技术正与农业深度融合，催生农村电商、设施农业、乡村休闲旅游等一批农业农村新产业新业态，成为延伸农业价值链、增加农民收入的新引擎。

历届党和国家领导人高度重视农业科技创新，对农业科技的财政投入不断加大，全国农业R&D经费*支出呈现逐年增长的态势，与发达国家的差距逐步缩小。农业科技进步对农业经济增长的贡献不断提升，2019年我国农业科技进步贡献率达到59.2%，比2012年（53.5%）提高了5.7个百分点，比2005年（48%）提高了11.2个百分点。农业科技人才队伍不断壮大，第三次全国农业普查结果显示，受过农业专业技术培训的农业生产经营人员达到3 467万人。

* R&D经费是指科学研究与试验发展经费。

5.1 科技引领与支撑现代农业发展的成效显著

经过70年发展，我国已逐步形成较为健全的现代农业科研、教育与推广体系。2014年，农业部、中国农业科学院牵头建立了国家农业科技创新联盟，逐步形成了中央与地方、院所与企业共同参与的格局。参与联盟的单位有上千家，行业、企业、区域等联盟总数上百家，形成了全国农产品质量安全协作网、全国种质资源共享联盟和农业大数据联盟，推动政产学研用紧密结合，搭建了科企合作的平台，做大做强了一批龙头企业。中央到省、地、县、乡多层次、多功能的农业技术推广体系基本形成，现有种植业、畜牧业、林业、水产、水利、农机化及经营管理7个推广体系，县乡两级约有35.5万个推广机构，农业推广人员约210万人。此外，全国还在几十万个村设立了科技示范户、农业服务组织及农村专业技术协会等。在相关科技体系日趋完善的前提下，农业科研及推广体系相结合，示范及推广功能相联动，通过向生产经营者示范推广各类良种、栽培、养殖、病虫害防治、动物疫病防控、农业机械使用和化肥农药施用等农业科学技术，显著提高了农业生产的经济效益、社会效益和生态效益，加速了农业科研成果走出实验室，向现实生产力的直接转化。

5.1.1 农业科技与育种技术

育种技术在农业科技中占有核心地位，是农产品持续高产、优质、高效的关键，对保障国家粮食安全、农产品多样化和高品质具有重要意义。随着农业科技的快速发展，生物技术、信息技术和新材料技术在育种学科的交叉应用，我国育种技术取得突破性进展。农作物基因组学研究世界领先，形成了农作物和畜禽自主育种技术创新体系，成功培育并推广了超级稻、高产杂交玉米、优质专用小麦、转基因抗虫棉、双低油菜、杂交甘蓝等一批突破性优良品种，畜禽品种良种化、国产化比例逐年提升，畜禽遗传改良计划推动了我国畜禽品种更新换代，良种在农业增产中的贡献达43%以上。

（1）作物育种。

在粮食作物育种上，研发了一批产量、质量和抗性突出的水稻、小麦、玉米新品种。选育高产优质抗病虫水稻、节水抗旱抗病小麦、机收籽粒玉米、优质高产大豆品种100余个。超级杂交水稻、"西农979"小麦、"中农大3号"玉米等新品种的研制，一定程度上弥补了我国的粮食作物品种空缺，提高了相应行业的生产效率。2017年袁隆平团队研发的第三代杂交水稻平均亩产1 149.02千克，创造了世界水稻单产的最高纪录，对保障国家粮食安全做出巨大贡献。此外，杂粮品种的培育也取得新突破，育成推广了一批适合机械化生产的谷子、糜子、燕麦、荞麦、大麦、青稞等作物新品种。我国水稻功能基因组学等基础研究处于世界领先水平，2018年我国主导完成3 010份亚洲栽培稻基因组测序，剖析了水稻核心种质资源的基因组遗传多样性。

在果蔬育种上，完成了主要蔬菜黄瓜、大白菜、西瓜、番茄等全基因组的测序或重测序，构建了主要蔬菜核心种质群，挖掘了一批品质、抗性与农艺性状的功能基因；构建了甜橙、梨、猕猴桃和枣等果树的基因组图谱，在柑橘、苹果、香蕉、草莓等作物中发掘并鉴定了一批控制关键性状的优异基因，明确了其调控机制。

在棉油作物育种上，棉花、大豆、油菜、花生等作物基因克隆与功能研究取得突破性进展，鉴定了一大批控制株型、生育期、产量、育性、品质、抗逆、抗病虫、养分高效利用及驯化相关性状的功能基因，不仅为解析作物性状的遗

传调控机制奠定了重要基础，更为品种改良提供了新的基因资源。

（2）**畜禽育种**。

畜牧业的核心竞争力主要体现在畜禽良种上，畜禽养殖只有借助优异的品种才能切实提高生产效率，我国畜禽良种对畜牧业发展的贡献率超过40%。在科技带动下，我国畜禽种业正步入主动创新的发展阶段。

国家生猪遗传改良计划持续推进，引进品种本土化进程加快，基因组选择分子育种技术的应用取得明显进展，育种能力不断提升。截至2018年，共有98家国家生猪核心育种场，育种群存栏超过15万头。成立了国家种猪遗传评估中心，建成国家级地方猪遗传资源保种场55个和保护区7个、国家家畜基因库1个。

夏南牛、延黄牛等肉牛品种已经覆盖我国肉牛主产区，其中夏南牛的培育历时21年，是中国第一个具有自主知识产权的肉用牛品种；延黄牛可与日本的和牛、韩国的韩牛相媲美，受到国家地理标志产品保护。依靠科技支撑，由我国黄牛与国外引进的荷斯坦牛进行杂交，经过长期选育形成中国荷斯坦牛品种，具有明显乳用型牛的外貌特征，体格高大、结构匀称、泌乳性能良好，是高产的奶牛品种。同时还建立了我国荷斯坦牛分子育种技术体系，奶牛良种覆盖率达到60%左右，正逐步从常规育种向常规育种和分子育种并重转变，基因组选择技术在奶牛育种中开始逐步应用。

蛋鸡方面，利用从国外引进的高产蛋鸡育种素材和地方品种资源，我国先后育成了北京白鸡／红鸡、农大3号和5号、京红1号、京粉1号、新杨白及新杨绿壳等蛋鸡品种或配套系，部分品种的生产性能已达到或接近国外同类品种水平。肉鸡方面，通过引进国外优良品种与国内自主培育相结合，基本形成了曾祖代（原种）、祖代、父母代和商品代相配套的肉鸡产业良种繁育体系。我国自主培育的黄羽肉鸡品种大多肉品质优良、环境适应性强，具有较好的养殖效益，极大地丰富了我国肉鸡产品市场。一度种源被外国企业牢牢把控的白羽肉鸡，在2019年实现了"种源突破"，自主研发培育出国内第一个白羽肉鸡新品种，打破了我国白羽肉鸡种源完全依赖进口的局面和西方在这个行业长达百年的技术垄断。

（3）**水产育种**。

我国是世界上最早开展水产养殖生物良种选育研究的国家之一，经过数十年研究，已经成功培育出一批水产养殖新品种。

在鱼类育种方面，经六代定向选育育成良种"建鲤"；采用远缘杂交技术与雌核发育技术相结合培育了新品种湘云鲫2号；其他诸如罗非鱼、鲟、大口黑鲈等优质淡水鱼养殖品种的育种工作也成绩斐然，建立了大菱鲆良种选育技术体系，选育出具有个体生长速度快、出苗率高、养殖成活率高等优势的大菱鲆新品种丹法鲆。其他水产品育种方面，抗病性强、生长速度快的中国对虾黄海1～5号相继选育获得；淡水虾类育种也进展显著，培育出杂交青虾太湖2号、罗氏沼虾南太湖2号；建立了贝类新品种选育技术，培育了大连1号杂交鲍鱼、中科红海湾扇贝、万里2号文蛤等优良新品种。

5.1.2 农业科技与栽培技术

我国农业素有精耕细作的传统，作物栽培技术历史悠久，但在很长时间里，"面朝黄土背朝天"都是广大农民生产活动的真实写照，作为现代科学意义上的作物栽培技术及其应用，是在新中国成立后才逐步形成并发展壮大的。现代化的作物栽培即在特定地域范围内，对农作物的构成、配置、熟制、种植方式等进行科学管理，通过研究作物的生长发育规律及其与外界环境的关系，寻求农作物高产、优质、高效和可持续生产的措施，并构建合理种植制度和养地制度的理论、方法和技术途径。新中国成立早期，我国开始了作物栽培的现代化研究，经历了经验技术型向理论技术型的发展，70多年来在作物栽培理论建设、技术创新与技术体系构建等方面成绩显著，为我国粮棉油糖及果菜茶等农产品产量的稳步提升、农民增产增收和区域经济发展做出了重要贡献。

（1）基础研究。

关于基础研究，我国学者研究明确了作物产量形成过程中产量构成因素和器官建成的关系，器官同伸规律及其调节控制原理，据此创建了以器官相关与肥水效应为核心的叶龄促控理论，并在小麦和水稻等作物叶龄指标促控法栽培管理技术上取得显著突破；把作物群体作为一个完整的光合物质生产体系，研究了其结构和功能，提出了作物群体合理动态结构的新概念；研究了各种作物

生长发育规律，作物对养分、水分的需要及吸收利用规律；近些年还从库源平衡、器官平衡、激素平衡等方面探讨了作物高产、优质、高效、抗逆高产和立体多熟的生理机制与综合技术，不断吸纳现代生物技术、信息技术和新材料、新装备等，开始向机械规模化、信息精确化、气候变化适应性、可持续简化和抗逆稳产等技术发展，积极探索建立作物增产、农民增收、农业增效、产业协调和资源高效于一体的现代耕作模式与配套技术体系。

（2）应用研究。

在农作物栽培的具体应用方面也研发获得相当数量的实用技术。在共性关键技术方面，自20世纪80年代以来开始大面积推广育苗（秧）移栽技术、地膜覆盖技术及密植高产技术，对农作物实现高产稳产起到重要作用。目前营养钵盘育苗、无土育苗、温室育苗、工厂化育苗、空气雾化整根育苗等育苗移栽技术得到广泛使用。地膜覆盖技术已经从经济效益较高的作物广泛运用于粮食作物和瓜果蔬菜的高产栽培中，近年来使用绿色环保地膜和提高地膜回收率成为绿色农业发展新的技术需求。大批适应密植的高产、稳产和抗逆性强的作物品种在生产中推广应用，例如随着棉花品种的不断改良，种植密度不断增大，新疆地区"密、矮、早"的种植技术体系对确保棉花早发早熟和稳产增产发挥了重要作用。此外，科学系统地使用作物生长调节剂进行定向定量诱导、解决特定生产问题的化学调控技术，在水稻、小麦、玉米、大豆、棉花和油菜等作物的生产中得到推广应用，发挥了其广适性、高抗逆和高产稳产的技术优势，并已经建立了不同农作物的化控栽培工程技术体系。在栽培技术集成创新方面，国家对作物高产优质高效栽培技术、规模机械化生产技术、作物结构调整与布局设计技术以及作物精准、简化、高效栽培等技术进行了大量集成与示范推广，作物栽培的数字化、智能化和绿色化管理水平不断提升，有效支撑了作物的持续高产高效及绿色健康发展。我国现代农业产业技术体系自2007年成立以来，研发了一批高产、高效、优质和智能机械化的栽培技术模式，体系专家深入一线开展协作攻关，形成综合技术解决方案。在不同种类的作物栽培方面、水稻、小麦、玉米、大豆、棉花、蔬菜和果树等主要作物的高产优质栽培理论和技术得到推广应用，提高了多种农产品的综合生产能力。

无土栽培是作物栽培的重要技术之一，凭借着省工、节水、省肥、节土，同时产量高、无污染、不受地区限制和可充分利用空间等特点，受到广大蔬菜和花卉种植者的喜爱。我国在20世纪70年代开始无土栽培的研究和生产，1985年农业部正式将无土栽培技术进行协作攻关研究，通过引进消化吸收和进一步改良创新，先后研究开发出适合我国国情的高效、节能、实用的系列无土栽培技术和装置，包括基质培、喷雾栽培、深液流技术、营养液膜栽培（NFT）、有机生态型基质培、浮板毛管水培、鲁SC型和华南深液培、叶用莴苣水培配套技术、营养液稀释器、温室夏季喷雾、水膜降温系统等等，获得了一批具有我国自主知识产权的无土栽培高新技术，并在全国范围内普及推广，目前在国内推广实施效果显著，北方以基质栽培为主，长江下游以NFT栽培为主，南方以深液流栽培为主。作物无土栽培技术还大大提高了良种的使用效率，扩大了良种的应用范围。

（3）重大成效。

作物高产优质高效栽培技术的不断突破，为我国粮棉油糖和菜果茶等农产品由长期短缺到丰年有余提供了强有力的科技支撑。国内外大量研究表明，在农作物产量提高过程中，通过改进栽培措施的贡献高达到一半以上。2012年以来，我国粮食产量连续7年超过6亿吨，最近4年均在6.5亿吨以上，2018年我国粮食产量达到6.58亿吨，人均粮食产量472千克，超出世界平均水平122千克。其中水稻1949年总产量4 865万吨，2018年总产量21 268万吨，是1949年的4.37倍，1949年单产1 980千克／公顷，2018年单产7 020千克／公顷，是1949年的3.55倍；小麦1949年总产量1 380.9万吨，2018年总产量138 143万吨，是1949年的9.52倍，1949年单产642千克／公顷，2018年平均单产达到5 416.5千克／公顷，是1949年的8.44倍；玉米在1949年种植面积只有1 137万公顷，总产量1 175万吨，单产仅1 065千克／公顷，到2018年种植面积达到4 213万公顷，总产量达2.57亿吨，单产达到6 104千克／公顷，目前玉米的种植面积和总产量均位列农作物第一位，成为我国第一大作物。从我国粮食生产发展的实践证明，栽培技术进步为我国从粮食短缺到粮食安全，做出了重大贡献。

我国棉花单产从1949年的162千克／公顷，提高到2018年的1 819.3千克／公顷，居全球产棉大国首位，棉花栽培技术的贡献巨大。1949年我国蔬菜栽培面积仅有250万公顷左右，到2018年达到2 043.9万公顷，产量达7亿吨，农村居民从蔬菜产业获得的人均净收入为2 140元。依靠栽培技术的科技带动，使得蔬菜产业成为农村地区的支柱产业。果树栽培技术的大范围应用使得我国果树产业发展迅速，1952年我国果树种植面积为68万公顷，水果产量为244万吨，到2018年果树种植面积为1 187.5万公顷，水果产量发展到25 688.4万吨，种植面积是1949年的17.5倍，产量是1949年的105.3倍，人均水果占有量184.1千克。目前我国水果栽培面积和产量均居世界首位，果树栽培技术的深刻变革发挥了巨大作用。

5.1.3 农业科技与畜禽及水产养殖

在科技的引领与支撑下，通过制定支撑养殖产业发展的系列重大科技规划，我国养殖业正朝着规模化、机械化和信息化方向发展，生产效率和综合生产能力稳步提升，养殖方式突破资源环境约束，加快转型升级，实现了新中国成立早期肉蛋奶鱼的极度短缺，到目前自给自足的巨大飞跃，同时绿色和营养健康成为重要发展方向。正是因为正确发挥了农业科技的作用，使得曾经一度是"家庭副业"的畜禽及水产养殖业，成为丰富百姓餐桌、增加农民收入、推进农业现代化和助推乡村振兴的极其重要的产业。

（1）畜禽养殖。

第一，**饲料与营养方面。**通过构建饲料数据库，实现了饲料配方信息化和数字化，总库目前共贮存新中国成立以来2 000多万项饲料成分的参数、营养价值，并附设信息检索系统，养殖户可以利用该系统查询饲料产品的原料成分、性能、价格、注册商标和适用动物品种等信息，为畜禽养殖及营养管理提供了便利条件，同时该数据库还通过优化饲料配方程序为养殖户提供最佳饲料配方和技术咨询。鉴于饲料用酶在提高饲料利用率、减少养殖环境污染中的重要作用，近年来我国率先研发了多种全新饲料用酶产品，具有提高畜禽免疫力、杀菌／抑菌和消除饲料中有害物质的功能，如真菌毒素脱毒酶、黄酮游离酶、葡萄糖氧化酶、淬灭酶、棉酚降解酶等。在新饲料资源开发及开发技术上，一批食品工业糟渣和果蔬糟渣得到了商业化开发利用，通过发酵、酶工程、膜分离、超微粉碎和挤压膨化等先进工艺技术，有效提高了饲料资源的开发利用水平，提高了饲料有效养分的抽取效率。针对养殖中制约动物营养方面的重大技术问题，围绕猪和家禽主要营养素（氨基酸和微量元素）的生物学功能、营养需要量和健康养殖技术体系，开展了系统研究并取得系列成果，为提高饲料转化率、降低养殖排放量提供了技术支撑。

第二，**品质性状形成方面**。肉品质性状是表现畜禽产品质量的重要性状，在经历了长期对肉生产数量的追求后，我国消费者更注重肉的口感和品质，对此有关学者针对高通量测序技术和功能基因研究，获得了决定肉品质性状的关键基因，提出了利用母源活性因子和功能氨基酸改善肉品质的技术措施，为实现畜禽养殖的肉类优质化奠定了基础，在营养素调节猪禽肉品质性状形成的机制、脂肪特异性沉积的分子生物学基础方面均有所突破。乳脂肪和乳蛋白含量普遍偏低是我国牛奶品质长期低下的重要原因，对此立足我国典型饲料资源和奶牛生产环境，剖析了牛奶重要营养品质形成过程中的关键物质代谢和信号传导通路，提出了改善牛奶乳脂肪和乳蛋白含量的营养调控技术，目前我国国产优质乳关键技术与标准取得重要进展，品质明显提升，加工成本下降15%以上，应对进口乳品冲击的能力显著增强，市场占有率不断提高。

第三，**繁殖方面**。新中国成立后，畜禽人工授精技术应用和快速发展，是对我国畜禽养殖起革命性作用并且应用最为成功的农业技术。此外，动物克隆技术、精液冷冻技术、超数排卵技术以及胚胎分割和移植技术均获得成功，缩短了我国在农业生物科技领域与发达国家的差距。而让养殖活动步入批次化生产的畜禽繁殖调控新技术，则将改变我国母畜繁殖需要人工观察并辅助进行授精、费时费力又不准确的现状。

第四，**养殖技术体系方面**。为了改变长期以来畜禽养殖效率低下、方式粗放的局面，我国构建了以标准化养殖技术和营养素减排技术为核心的健康养殖技术体系，例如开发了育肥猪低蛋白日粮配置技术和仔猪低氮日粮氨基酸平衡理论与补饲技术，有效降低了氮排放，减少了生猪养殖对环境的污染；基本建立了家禽无抗饲料（指不含抗生素和化学药物添加剂，无机元素铜、铁、锰、锌，饲料卫生指标符合无公害饲料标准的饲料）养殖技术[①]；研发了降低甲烷、氮和磷排放量的奶牛营养调控方案及后备奶牛培育营养关键技术体系。

---

① 张惠，洪翊棻. 无抗饲料的技术要点［J］. 饲料研究，2017(18)：7-9.

案例

畜禽繁殖调控新技术：让养殖步入批次化生产

以前，母畜繁殖需要人工观察并辅助进行授精，费时费力又不准确。由于母畜配种、分娩等情况随时出现，不好掌握，繁育管理的无序状态增加了工作量和成本，降低了生产效率。为突破效益低下、疫病突出等瓶颈，欧美发达国家通过母畜同步繁殖调控技术，促使技术与管理水平双重提高。

由中国农业大学牵头、9所科研院所和高校、20余家大型企业参与实施的"十三五"国家重点研发计划"畜禽繁殖调控新技术"改变了这一现状：使用一种同期排卵、定时输精的调控技术，就可达到母畜同期排卵、定时输精，使配种率和分娩同期率分别达到95%以上。

中国农业大学田见晖教授表示："该项目核心是以定时输精、妊娠诊断等创新优化集成与示范，形成批次化生产技术体系。奶牛用这种定时输精技术后，16小时至18小时可达到促排和同期排卵"。

2016年，经过在温氏集团和牧原集团的猪场进行批次化生产技术集成和示范研究发现，后备母猪配种率和分娩同期率分别达95%以上，实现了不同批次、不同规模猪场的批次化生产。

此项技术如果成功推广应用，我国养猪业将会彻底步入全进全出的批次化生产轨道，实现工业化管理。由此，养猪业劳动生产效率将提高十几倍，疫病长期滞留也将成为历史。

（2）**水产养殖**。

新中国成立以来我国逐步成为世界第一渔业大国，保障了水产品市场供给，为国家食物安全和营养安全做出重大贡献。我国渔业70年发展取得成功的原动力是"以养为主"的渔业发展方针，通过科技引领水产养殖业的持续健康发展。

第一，饲料与营养方面。新中国成立早期，我国水产动物主要通过天然饵料和少量单一饼粕饲料获得营养来源，难以获得充足营养和实现规模化养殖，"吃鱼难"是老百姓农产品消费中的重要问题。经过70年的发展，水产饲料工业已成为我国饲料工业中发展最快、潜力最大的产业，我国主要饲料原料的能量和营养素消化率得以测定，研究开发了一批新的蛋白源，加快推广了廉价、高效且健康环保的人工配合饲料。近年来，除了促进养殖对象的生长外，水产养殖的饲料和营养研究还着重关注提高水产品的肉质和减少对环境的损害。

第二，繁殖方面。在淡水苗种和海水苗种繁育技术方面已取得显著进展，掌握了鲢、鳙的人工繁殖技术，为我国及世界（特别是东南亚国家）水产养殖的规模化发展做出了重大技术贡献，掌握了一批名优、适养水产生物的生活习性、繁殖发育特点、亲本人工驯化和培育、亲鱼催产和孵化等技术。建立了苗种规模化繁育及配套技术工艺，实现了人工育苗的规模化生产，并在水产养殖中大规模推广应用。

第三，养殖模式方面。依靠养殖技术的快速发展，我国已逐步形成海水池塘、浅海、深远海、海洋滩涂和陆基工厂化等多种海水养殖模式，其中海水养殖中的多营养层次综合养殖模式（IMTA）已经走在世界前列，是现代绿色海水养殖模式的典范，从生态系统水平上探讨不同营养层次生物开发利用，综合生态系统多种服务功能（如食物供给、生态服务等），典型成果案例是山东省桑沟湾实施的多营养层次综合养殖，是一种实现养殖系统能量高效利用、改善水质、提高蛋白质产量、扩大近海海域养殖容纳量的有效模式。我国还形成了池塘生态养殖、盐碱水养殖、农渔复合生态养殖、跑道式养鱼、渔光一体养殖和集装箱养殖等多种淡水养殖模式，其中稻渔综合种养模式（IRFA）充分发挥水稻与鱼、虾、蟹、鳖等水生动物在同一个生态系统中共生互利的生态效应（清除杂草、减少病虫害、增肥保肥、降低二氧化碳和甲烷排放等），同时减少化肥和农药使用，生产优质水稻和渔产品，是一种农渔互利双赢的生态生产方式。

案例

"渔光一体"模式使传统养殖业效益增加3倍

传统养殖产业遇上现代光伏发电产业,"养殖+发电"的综合效益将提高3倍以上,两者相结合产生的化学反应,将共同推进"渔光一体"战略,极大地带动农民增收和促进农村经济发展。

"光伏+渔业"作为光伏农业的形式之一,使光伏发电与水产养殖有机结合,在水产养殖集中地区丰富的池塘水面资源上架设光伏电池板,开发建设光伏发电项目,形成"上可发电、下可养鱼"的养殖模式。

"渔光一体"产业模式具有渔光互补、一地两用的特点,能够极大提高单位面积土地的经济价值。据测算,我国共拥有养殖水面1.2亿亩,若将其中4 500万亩精养鱼塘建成"渔光一体"电站,总量将达1 200～1 500吉瓦,相当于2015年全国发电装机总量,年发电收入高达1.2～1.5万亿元。"渔光一体"对养殖的影响,以鱼类养殖为例,光伏产品的覆盖更适于阴凉鱼类的生长,其次,光伏类顶棚的覆盖将提高同等面积鱼塘的放养量。

二者紧密结合促进鱼塘水面的流转,通过土地流转提升土地资源利用效率。"渔光一体"一方面提高了土地的利用效率,另一方面可以为农民增收。从目前已并网发电的"渔光一体"示范项目来看,综合计算,每亩"渔光一体"池塘年利润可达4万～6万元。农户以流转土地、土地资源入股,或自己加盟建设"渔光一体"项目将获得较高收益。

（3）重大成效。

我国畜禽和水产养殖科技在十分落后的基础上全面发展，科技在畜牧业和渔业发展中的贡献率已经超过55%，在畜牧业产品和渔业产品产量以及人均占有量的大幅提高方面发挥了重大成效。我国肉蛋奶产量快速提高，畜禽养殖总体规模稳居世界第一。2018年我国猪肉产量5 404万吨，占世界猪肉总产量的46%，这一数字在1962年仅为8.8%。2018年年末，我国生猪存栏量和出栏量分别是1949年末的7.4倍和11倍，生猪出栏率也由1962年的56.9%提升至2018年的162%。2018年我国鸡蛋产量为3 128.3万吨，禽肉产量1 994万吨，占世界总产量的比例分别达到42.3%和21.6%，而1978年这一比例仅为8.1%和4.5%。农业科技对肉牛产业的发展也成效巨大，我国肉牛存栏量占世界的比重从1983年的1.7%增长到2018年的25.7%。2018年，我国奶类产量达到3 648.4万吨，位居世界第三位，其中牛奶产量达到3 074.6万吨，全国奶牛规模化养殖比例达到58.3%。

随着养殖模式、装备设施等技术的不断进步，我国水产养殖的单产水平不断上升。淡水养殖平均产量从1980年的315千克／公顷，上升到2017年的5 415.3千克／公顷，增长了16倍；海水养殖平均产量从1980年的3 327千克／公顷，上升到2017年的9 600千克／公顷，增长了2倍。2018年我国水产品总产量达到6 457.7万吨，其中水产养殖产量占世界水产养殖总量的2/3，位居世界第一位。

总体来说，现代养殖科技的进步使得我国已经彻底告别了肉蛋奶鱼等畜禽和水产品严重短缺的历史，在改善居民营养膳食结构、提高国民健康水平方面发挥了重大成效。

5.1.4 农业科技与植物保护及动物疫病防控

植物保护和动物疫病防控是确保国家农产品产量、维护农业生产与生态安全、保障百姓健康、减少环境污染的重要农业生产管理环节。我国历来高度重视植物保护和动物疫病防控科技事业，植保产品研发与应用核心技术、配套体系创新及推广取得了一批重大成果，整体处于国际先进水平；系统开展了动物疫病防控研究，培养了大批科技人才，疫病防控的科技实力显著提高，取得了举世瞩目的成就。

（1）植物保护。

第一，基础研究方面。 利用物联网技术、现代信息技术、地面高光谱和航空遥感技术、空中气流场轨迹分析技术，我国掌握了重大病虫流行迁飞规律、迁飞行为发生的生理和生态机制，对黏虫、草地螟等迁飞行为及规律的研究已达世界领先水平，在应对重大病虫流行的迁飞、迁飞危害的检测预警和技术对策等方面，均取得重大成果；系统探索了小麦条锈病和赤霉病、稻瘟菌、水稻条纹叶枯病和黑条矮缩病、大豆疫霉病等重要农业病原物的致病机理；完成了作物枯萎病、稻瘟病和麦类条锈病等重要病害病原物的基因组测序工作；对水稻害虫褐飞虱、玉米害虫玉米螟、棉花害虫棉蚜及绿盲蝽和蔬菜害虫烟粉虱等重要农作物害虫的基因组学研究工作也不断进行，为作物抗病虫基因的挖掘奠定了坚实基础；我国生物入侵研究在国内外的影响力日益提升，国际话语权不断增加，发展了入侵物种监控的新技术、新方法和全程风险评估理论。

案例

农大教授"接地气"，村里有了"土专家"

双河镇曾被誉为"皖西生姜第一镇"，生姜是农民增收的主导产业，但由于长期连作等多种因素影响，生姜病害逐年加深，特别是姜瘟病的危害，给生姜产业造成毁灭性打击。

安徽农业大学园艺学院汪承刚教授经过多次实地调查论证、分析原因，提出了防治姜瘟病、提高生姜品质的技术规范。利用该技术规范后，曾发生姜瘟病的田块，生姜普遍长势良好，未发现明显发病植株，平均亩产达 2 800 千克。在此基础上，汪承刚为双河镇制定了生姜生产技术标准，规范种植技术，促使该镇生姜平均亩产提高到 2 500 千克左右，总产值达 1 亿多元，全镇户均收入增加 1.7 万元以上。因生姜"结缘"，汪承刚立刻成为双河镇的"座上客"。作为蔬菜产业联盟的首席专家，一到生姜种植生长的关键期，汪承刚就马不停蹄地走村入户，为企业、大户"指点迷津"。

安徽农业大学有很多教授像汪承刚这样化身为"土专家"，通过知识的"金点子"、科技的"金刚钻"，让当地农业产业兴盛起来，助力乡村振兴战略。该校在安徽各地共组建了 73 个县域农业主导产业联盟，选配 50 名资深教授担任产业联盟首席专家。在这些"盟主"的身后，还有 300 多名中青年专家组成的农业技术推广团队，他们常年奔波在"三农"一线，穿梭于田间地头，就像绿色田野上的一个个"科技使者"，让江淮大地乡村振兴有了"定盘星"。仅 2017 年，他们就为安徽各地引进新品种 599 个，示范新技术 266 项，开展技术培训 401 场，开展技术指导服务 2 785 人次。在这一过程中，他们共取得新型专利 53 项，发明专利 22 项，制定标准、技术规程 27 个。

第二，具体应用方面。作物病虫害监测预警技术的应用成效显著，遥感、分析定量、定位系统和网络信息交换等技术起了关键的科技支撑作用，人工智能、模拟模型等先进方法也逐步应用到病虫害监测预警实践中，新型虫情测报灯、病虫害田间调查统计器、病原菌孢子捕捉仪等作物有害生物检测专用仪器设备不断得到开发应用；我国农药已经进入低毒高效和低残留的发展阶段，高效、安全和环境友好型新品种、新制剂所占比重明显提升，新烟碱类、拟除虫菊酯类和杂环类等高效、安全和环境友好型杀虫剂市场占有率超过97%；攻克了天敌昆虫的大规模、高品质和工厂化生产技术，天敌昆虫人工繁殖使用进一步发展，优化了天敌昆虫与生防微生物制剂的联合增效技术，实现我国生物防治应用领域的重大突破；理化诱控技术发展迅速，将人工合成的来源于植物和昆虫的信息化合物用释放器缓释到田间，干扰害虫的进食、交配和产卵等正常行为，以达到控制靶标害虫的目的，这一技术在我国植物保护应用领域具有巨大潜力；近年来，害虫食诱剂、性诱剂的研发利用技术不断发展，其中害虫食诱剂自2012年初引入我国后，连续多年在各地开展试验和大规模示范，害虫防治率达80%～90%；种植转基因抗虫作物已成为害虫综合防治的重要手段，目前我国转基因抗虫棉花年种植面积近300万公顷，占全国棉花种植面积的90%以上；制定了近百种外来入侵生物的控制预案和管理措施，发展了入侵生物监测技术，研发了入侵害虫的远程监测设备，建立了入侵生物应急防控和扩散阻截技术体系以及入侵生物区域减灾技术体系。

（2）动物疫病防控。

与发达国家相比，我国在动物疫病防控科技创新领域基本实现了从"跟跑"到"并跑"的转变，部分领域达到"领跑"水平，为我国畜禽养殖业的结构调整和转型升级提供了重要的核心科技支撑。以禽流感、新城疫为代表的相关研究已处于世界领先水平，2003年以来研制的禽流感灭活疫苗、新城疫灭活疫苗以及禽流感-新城疫重组二联活疫苗等基因工程疫苗广泛用于家禽疫病的防控工作，取得了良好效果，相关疫苗产品同时出口到"一带一路"沿线国家，为当地的禽流感有效防控发挥了重要作用。在鸡马立克病、鸡传染性法氏囊病、鸡传染性支气管炎、小鹅瘟和鸭瘟等家禽疫病的流行病学、病原特性、诊断方法和免疫预防等方面做了大量研究，取得了卓越研究成果。研制出猪

案例

使用植物免疫诱抗剂、生物防治、理化诱控等技术，贵州编制绿色防控"天罗地网"

近年来，贵州省改变过去传统农业中使用农药防治病虫害的方法，在各地推行实施生态控制、生物防治、理化诱控、植物免疫诱抗剂预防、农药减施增效等绿色防控技术。巧妙利用自然法则，贵州省农业病虫害防治走上了一条绿色防控之路。

贵州省贵定县云雾镇，种茶10多万亩。通过多年探索，茶农们适时而作，摸索出了一套可持续的生态种茶方法——初春时节，通过撒播格桑花或三叶草，保护茶园树木和显花植物，为害虫天敌提供过渡寄主和栖息地，茶园因此免于侵害；春茶采摘后，合理修剪，让茶园得以休养生息，更新换代；入冬天寒，时节主藏，茶园封园，害虫销声匿迹。

贵州省福泉市双谷农业园区，梨树漫山遍野，蔚为壮观。梨树易发害螨，福泉市对症下药，施用植物免疫诱抗剂，配合捕食螨"解决掉"梨树害螨。在害螨发生初期，选择阴天或晴天傍晚，挂袋或撒施投放捕食螨，每亩10万头。花期，利用小花蝽持续控制梨树害虫，保花坐果。梨树坐果后，利用赤眼蜂控制梨小食心虫。在成虫病害高峰后1~2天，释放其天敌松毛赤眼蜂，效果极佳。利用灯诱、色诱、性诱技术，安装杀虫灯、悬挂诱捕器和诱虫色板，也能有效降低害虫。

瘟兔化弱毒疫苗、猪蓝耳病灭活疫苗、猪伪狂犬病基因缺失疫苗和猪圆环病毒病灭活疫苗等一大批具有自主知识产权的优秀猪疫病疫苗并投入使用；对猪繁殖与呼吸综合征、猪病毒性腹泻、猪伪狂犬病、猪圆环病毒病、猪丹毒、猪气喘病、猪链球菌病等猪传染病的流行病学和免疫预防也有丰富研究，同时研制了国内外首创的猪气喘病弱毒疫苗。在牛马羊等动物的疫病防控方面，以消灭牛瘟、牛肺疫和控制马传染性贫血所取得的成就最为突出，在口蹄疫、布鲁菌病、牛流行热、羊痘、牛黏膜病、蓝舌病等疫病的免疫预防和诊断技术等方面的相关研究也取得了卓越成果，为我国实现健康养殖、保障畜牧业安全及食品安全做出了重要贡献。

5.1.5 农业科技与农业机械化

农业机械是现代农业的重要物质基础和先进农业技术的重要载体，没有农业机械化，就没有农业农村现代化。依靠科技支撑，不断创新农机技术和协同攻关机制，我国农业机械化发展保持了快速发展势头，在部分领域、部分环节逐步实现"机器换人"，成为世界第一农机制造大国和使用大国。"东方红"200马力拖拉机填补了国内大功率拖拉机空白，先后研制了4 000多种耕整地、

种植、田间管理、收获、产后处理和加工等机械装备。2018年，我国农机总动力达10亿千瓦，同比增幅超过1%，较2012年增长了约23%。我国小麦已基本实现生产全程机械化，水稻和玉米耕种收综合机械化率超过80%，棉油糖等主要经济作物的生产机械化也有了实质性进展，自动驾驶拖拉机、植保无人飞机等智能农机装备受到市场青睐，我国农机装备能力持续提升。

（1）粮食作物全程机械化。

在水稻机械化生产上，研发了水稻精量穴直播技术与机具，攻克了水稻成行成穴有序种植、精量穴播、精准排肥等技术难点，研发了轻简型水稻钵苗移栽机、水稻侧深施肥插秧机等，促进了我国水稻生产机械化水平提升。此外，还研发了全还田防缠绕免耕施肥播种机，可一次性完成开沟、施肥、播种、镇压等多道工序，并实现秸秆粉碎覆盖还田。

在小麦机械化生产上，生产全程机械化继续平稳推进，已基本实现全程机械化。小麦播前的耕整措施逐步优化，整地质量明显提高。少耕免耕播种技术不断提升，农机科研人员重点围绕作物秸秆还田条件下高质量种带创造，以及小麦精量播种、化肥深施减施等方面开展大量研究，使得长江流域稻麦轮作区高湿、大秸秆量还田条件下的小麦少耕免耕高效播种技术有所突破，黄淮海麦玉两熟区大秸秆量覆盖还田条件下（2吨左右）的小麦少耕免耕播种技术得到逐步提升。小麦机收由高速增长向高质量增长转变，机械化收获率屡创新高。截至2018年，我国小麦耕、种、收及综合机械化率分别达到99.67%、90.88%、95.87%、95.89%，在三大主粮中机械化率最高。

在玉米机械化生产上，研发了玉米单粒精播技术、东北地区机械化籽粒直收技术，促进了玉米生产向全程机械化发展。还研发了机械化作物秸秆还田与地力培育技术装备，攻克了适于全量秸秆地的"秸秆粉碎、抬起输送、向后跨越抛撒"机械化免耕播种技术、稻麦秸秆低能耗粉碎灭茬、高质量秆土均匀融合还田、腐熟剂施用等技术，实现秸秆就地还田肥料化利用，改良了土壤。

在杂粮轻简化生产上，以简化栽培谷子新品种为核心技术，配套播种机、联合收割机，形成了谷子农机农艺结合的轻简化生产技术，单户生产能力提高了20倍以上，促进谷子由传统的人力畜力生产方式向现代产业化生产方式转变。

（2）**经济作物关键环节机械化。**

研发了天然纤维（棉麻丝毛）机械化采收技术，有效克服了因品种差异、生产模式差异及不同纤维在机械收获时的缠绕现象等难点，通过熟化改进现有装备，研制出专门化新型关键装备。研发了油菜机械化高效精量种植技术及装备，有效解决了油菜籽粒小、易破碎和油菜播种前茬水稻秸秆量大、土壤黏重等问题。研发了切段式甘蔗联合收割机，提高了集存式收割机的卸料效率，适应了目前中小地块的收割需求。果蔬生产机械化技术取得了一定突破，提升了机械化发展水平。

（3）**智能农机装备技术。**

研发了耕、种、管、收等环节的农机作业专用检测传感器和系列作业监管终端，建立了农机北斗导航与智能测控信息应用平台，有效提升了农机作业质量和管理效率。研发了智能LED植物工厂技术，成功攻克基于室外冷源的光温耦合节能调温技术，率先突破采收前短期连续光照提升蔬菜品质技术；研发出基于多因子协同调控的智能化管控技术，有效促进了植物工厂产业化应用面临的光源光效低、系统能耗大以及多因子协同管控难等问题的解决。创制了植保无人飞机精准施药技术与装备，攻克了自主导航、重喷漏喷、超低空飞行增稳、自动避障、傻瓜化操控、自适应变量施药等关键技术难点，推动了机械化植保技术与装备的升级换代，大幅提升了施药效率。

案例

农机跨区作业加快农业机械化发展

2019年"三夏"期间，全国共投入64万台联合收割机抢收小麦，大喂入量收割机占比超过70%，单机收获效率提高30%以上，小麦机收水平达到96%，老旧联合收割机逐渐退出跨区机收队伍。基于北斗导航的自动驾驶计亩测产联合收割机、免耕精量播种机等智能农机从田间试验步入夏收夏种一线，开启了"三夏"无人作业新模式。装备的更新换代带来机收效率的显著提高，"三夏"期间全国日机收面积过千万亩的天数达到14天，比去年多3天，单日机收最高2 100万亩。

农机跨区作业是中国农民的又一个伟大创举。改革开放以来，我国农村实行以家庭承包经营为基础、统分结合的双层经营体制。人均耕地不足1.4亩，农民户均耕地只有7.6亩左右，不及欧盟国家的1/40、美国的1/400。发展农业机械化，必须解决好农户一家一户小规模生产和机械化大规模作业之间的矛盾。以联合收割机跨区机收为代表的农机跨区作业为解决这个难题找到了一条重要的途径。通过跨区作业，开展社会化服务，有效提高了农机的利用率，增加了农机手的效益，满足了农民对农机作业的需求，大幅度提高了机械化水平，解决了"有机户有机没活干、无机户有活没机干"的矛盾。在生产方式上实现了规模化经营，开辟了我国小规模农业使用大型农业机械进行规模化、标准化、集约化、产业化、现代化生产的现实道路，有效地促进了农业稳定发展和农民持续增收。

5.1.6 农业科技与农业绿色发展

习近平总书记指出，农业发展不仅要杜绝生态环境欠新账，而且要逐步还旧账，要打好农业面源污染治理攻坚战。2015年，农业部发布《关于打好农业面源污染防治攻坚战的实施意见》，其中明确提出"力争到2020年农业面源污染加剧的趋势得到有效遏制，实现'一控两减三基本'"。

"一控"，即严格控制农业用水总量，大力发展节水农业，确保农业灌溉用水量保持在3 720亿立方米，农田灌溉水有效利用系数达到0.55。20世纪50年代以来，我国先后建成了400多个灌溉试验站，在旱作节水、滴灌喷灌等科技领域的理论方法、关键技术、重要装备以及管理规范等方面涌现出一大批优秀成果，节水灌溉面积达到4.66亿亩。

"两减"，即减少化肥和农药使用量，实施化肥、农药零增长行动，确保测土配方施肥技术覆盖率达90%以上，农作物病虫害绿色防控覆盖率达30%以上，肥料、农药利用率均达到40%以上，全国主要农作物化肥、农药使用量实现零增长。从20世纪七八十年代增产导向的过量施用，向目前提质导向的科学施用转变，实现了化肥、农药从过量施用到现在的零增长、负增长转变。在全国全面推广了测土配方施肥、水肥一体化的施肥技术模式，实施了有机肥替代化肥行动。创制了一批高效低毒农药和生物农药，农作物生物防控技术迅猛发展。

"三基本"，即畜禽粪便、农作物秸秆、农膜基本资源化利用，大力推进农业废弃物的回收利用，确保规模畜禽养殖场（小区）配套建设废弃物处理设施比例达75%以上，秸秆综合利用率达85%以上，农膜回收率达80%以上。在农业废弃物资源化利用上，农作物秸秆从单纯的燃料化向燃料化、原料化、饲料化、肥料化、基料化等多用途综合利用转变。畜禽养殖废弃物由直接排放向集中处理、循环利用转变。农膜使用带来的耕地"白色污染"，正在通过机械化捡拾、统一回收处理、生物降解等方式逐步得到控制和解决。

在"一控两减三基本"的基础上，党的十九大进一步提出，"加快建立绿色生产和消费的法律制度和政策导向，建立健全绿色低碳循环发展的经济体系"，并提出"坚持全民共治、源头防治，持续实施大气污染防治行动，打赢蓝天保卫战。加快水污染防治，实施流域环境和近岸海域综合治理。强化土壤污染管控和修复，加强农业面源污染防治，开展农村人居环境整治行动。加强固体废弃物和垃圾处置。提高污染排放标准，强化排污者责任，健全环保信用评价、信息强制性披露、严惩重罚等制度。"

绿色发展是农业发展观的一场变革，也是农业供给侧结构性改革的一个关键。农业绿色发展要靠政策引导，当然也要靠科技支撑。在政策层面，2017年9月，中共中央办公厅和国务院办公厅联合出台了《关于创新体制机制推进农业绿色发展的意见》，明确提出了农业绿色发展的总体思路、目标任务及具体措施。2018年7月，农业农村部出台了《农业绿色发展技术导则（2018—2030年）》，再次强调了农业绿色发展的重要意义，要求"以绿色投入品、节本增效技术、生态循环模式、绿色标准规范为主攻方向，全面构建高效、安全、低碳、循环、智能、集成的农业绿色发展技术体系，推动农业科技创新方向和重点实现'三个转变'，即从注重数量为主向数量质量效益并重转变，从注重生产功能为主向生产生态功能并重转变，从注重单要素生产率提高为主向全要素生产率提高为主转变。"

在科技支撑方面，我国已在果菜茶有机肥替代化肥、奶牛生猪健康养殖、测土配方施肥、病虫害统防统治、稻渔综合种养等农业绿色技术和模式方面进行了研究与实践尝试。另外，我国目前已开展的农业绿色技术实践还包括：开展农作物秸秆饲料化、基料化、肥料化、原料化、燃料化的"五料化"利用方式试点，启动了东北地区秸秆处理行动，推动秸秆综合利用工作取得积极成效；以西北为重点区域，以提高地膜回收利用率和加厚标准地膜推广应用为目标，以加厚地膜应用、机械化捡拾、专业化回收、资源化利用为主攻方向；在甘肃、新疆和内蒙古等农膜使用重点省（区）建设100个地膜治理示范县，连片实施，整县推进，综合治理。这些绿色技术应用于农业生产实践，使得农产品质量安全水平大幅提高，经济效益、社会效益不断增加。

📈 数说

党的十八大以来农业绿色生产取得的成绩

82%：积极开展农作物秸秆饲料化、基料化、肥料化、原料化、燃料化的"五料化"利用方式试点，启动了东北地区秸秆处理行动，推动秸秆综合利用工作取得积极成效。目前，农作物秸秆农用为主、多元利用的格局已经形成，2016年全国秸秆还田面积达7.2亿亩，牛羊粗饲料70%左右来源于秸秆，秸秆综合利用率接近82%。

1 443处：由户用沼气向规模化大型沼气和生物天然气工程转型升级。中央投资60亿元，支持建设规模化大型沼气工程1 443处，生物天然气工程65处，年可处理畜禽粪污1 500多万吨、秸秆240多万吨，推进农业废弃物资源化利用；年可产沼气8.5亿立方米、生物天然气5亿立方米，通过供户、发电、并入天然气管网等，增加清洁能源，促进农村能源革命；年可产沼肥1 800多万吨，替代化肥农药，发展"果-沼-畜""菜-沼-畜""茶-沼-畜"等生态循环农业，提升农产品品质。

100个：以西北为重点区域，以提高地膜回收利用率和加厚标准地膜推广应用为目标，以加厚地膜应用、机械化捡拾、专业化回收、资源化利用为主攻方向，在甘肃、新疆和内蒙古等农膜使用重点省（区）建设100个地膜治理示范县，连片实施，整县推进，综合治理。

资料来源：《农民日报》，2017年9月19日。

🔊 声音

沈玉君（时任农业部规划设计研究院农村能源与环保研究所副所长）：十八大以来，我国在耕地质量提升、化肥农药减施增效、农业废弃物资源化利用、环境修复等领域已经研究推广了一批先进的技术模式。农业废弃物资源化利用这个方面，我们研究提出了适合我国不同区域特点的废弃物资源化利用的模式以及一批单项的技术，已经取得了突破。目前农业废弃物资源化利用与种养循环发展的格局正在形成，到2016年底，我国畜禽分污的资源化利率达到了60%以上，秸秆的综合利用率达到了80%以上，可以说有力地推动了农业绿色发展。

——2017年10月21日，农业部网站

5.1.7 农业科技与农业农村新产业新业态

农业农村新产业新业态是指随着农业农村经济发展与科技的进步，在原农村一、二、三产业基础上，借助信息等新技术，分化、嫁接、重构的新生产组织形态或新服务组织形态。农业农村新产业新业态是对原产业的进一步分工、细化、融合与再造，更是原产业组织的创新与升华。当前农业农村新产业新业态的"新"，最突出特征表现在技术进步、农业多功能拓展以及新要素价值凸显。2017年中央一号文件提出要通过发展壮大新产业新业态来提高农业供给质量，包括大力发展乡村休闲旅游产业、推进农村电商发展、加快发展现代食品产业和培育宜居宜业特色村镇。在国家统计局制定的《新产业新业态新商业模式统计分类(2018)》中，与农业农村新产业新业态密切相关的主要有设施农业、循环农业、生物育种、互联网＋农业、农产品冷链物流、自然康养、乡村休闲旅游、农业智能管理服务等。正是科学技术、产业升级与消费者需求倒逼，催生了上述新产业新业态，其中科技的驱动力量尤为突出，是大数据、云计算、物联网、人工智能、移动互联网、生物技术等现代科学技术与农业农村经济活动深度"联姻"的结果。

（1）农村电商。

随着物流技术尤其是冷链物流技术的不断创新应用、农村地区宽带网络和快递物流覆盖率的明显提升，作为"互联网＋农产品销售"的新业态农村电商，正深刻改变着传统的以批发市场为主的农产品流通方式。自1995年起，我国农产品电商经过20多年发展，已经形成多层次涉农电子商务市场体系，正加速与农业生产加工业和旅游业的融合，推动服务业升级。近年来，我国农村电商保持高速增长势头，包括鲜活农产品和深加工产品的交易种类日益丰富，农业生产资料、休闲农业及民宿旅游电商模式也不断涌现。根据商务部数据，2018年我国农村网络零售额达到1.37万亿元，同比增长30.4%，吸收2 800万农民就业，农村电商迅猛发展。

（2）设施农业。

设施农业指应用现代化、自动化、智能化的设施装备，人为创造适用于农作物、林产品、畜禽和水生动物等生长的环境，以生产优质、高产、稳产的蔬菜、花卉、水果、肉蛋奶等农产品的一种环境可控的农业活动。随着环境调控技术、无土栽培技术、建筑设计技术、生态工程、装备工程、节能工程、灌溉与节水工程等科技的不断进步，在传统农业基础上催生出设施农业这一新产业业态。依靠科技的力量，我国设施农业实现了快速迅速，成为现代农业先进生产方式的典型标志。1978年，我国几乎还没有设施农业，到目前我国已经成为世界上设施农业第一大国，设施农业产值占农林牧渔业总产值的比例达44%，使我国彻底告别了果蔬、肉蛋奶和水产品长期供应不足的历史。

（3）循环农业。

近年来，制约我国农业发展的资源和环境两道"紧箍咒"越绷越紧，农业发展已经到了必须加快转变发展方式、更加注重合理利用资源、更加注重保护生态环境的历史新阶段，发展循环农业这一农业新业态意义重大、势在必行。循环农业综合利用物种多样化微生物科技、污染控制技术、农业机械化技术、灌溉科学技术、沼气工程等核心科学技术，在农林牧副渔多模块间形成整体生态链的良性循环，力求解决资源高效利用和环境污染问题，以优化产业结构、节约农业资源、提高产出效果，打造新型的多层次循环农业生态系统，成就一种良性的生态循环环境。目前鸭稻共生、蟹稻共生、鱼稻共生等循环型农业在我国农村大范围推广，为农业可持续发展和乡村振兴注入新活力。

案例

连云港侍庄乡推进稻鸭共作模式种植生态有机水稻发家致富

　　江苏省连云港市灌云县侍庄乡依托叮当河的自然资源优势，发展有机产业有着得天独厚的优越条件，积极推进有机水稻种植基地建设。

　　侍庄乡在朱脊村开展100多亩有机米种植，实行灌排分开，杜绝水源污染，紧紧围绕"米质优、产量稳"的目标，选择抗病抗虫等农艺性状好，兼具口感、外观都极佳的优质新品种进行种植。三年来，该乡严格按照有机稻种植规范科学栽培，坚持不施农药、化肥的要求，全面实施稻鸭共作种养技术，引进良种鸭苗800只，通过鸭子的田间活动，收到除草、灭虫、施肥、增效等良好综合效果，实现了有机生产目标。终于在2015年通过省有关部门的检测验收，让有机稻米获得首次身份认证。

　　据了解，有机米市场价基本都在每斤10元以上，收入比普通水稻翻几番，不少农民群众表示今后将按照稻鸭共作种植模式种植。该乡也将进一步扩大规模，把这种生态循环种养农技向更多的农户进行推广。

（4）农产品冷链物流。

　　农产品冷链物流指为保持新鲜及冷冻农产品等的品质，使其在从生产到消费的过程中，始终处于低温状态的配有专门设备设施的物流服务。在消费升级的背景下，近年来我国农产品冷链物流需求旺盛。与一般物流服务不同，冷链物流需要更加先进和严格的技术。目前，自动分拣技术、食品追溯技术、温度检测技术、智能仓储技术、无人机运输技术、大数据补货技术、全程温控服务技术、危害分析和临界控制点（HACCP）认证技术等，已经深入融合到我国农产品冷链物流行业中。根据国家统计局数据，2018年我国冷链物流总交易额达4.81万亿元，同比增长20.25%。

（5）农产品精深加工。

产业链上游连接着农业，下游连接着加工制造业，具有"接二连三"特征的农产品精深加工通过最大化挖掘农产品附加值，拓展农业产业链价值链、提高农民收益，是当前国家推动农村一、二、三产业融合发展的重要产业。改革开放以来，我国粮食、果蔬、肉品、奶制品、蛋品和水产品等农产品加工技术迅速发展，油脂制取技术、植物蛋白加工技术、发酵食品加工技术、食品添加剂和配料制备技术、精准营养食品智能制造技术不断融入到农产品精深加工中。依靠科学技术提高原料加工深度、增加食品品种和增强食品功能，农产品精深加工进一步得到发展，加工产能向主产区和优势区布局，重心向大中城市郊区、加工园区、产业集聚区和物流节点下沉，推动加工企业由小到大，加快改变农村卖原料、城市搞加工的格局。2018年，我国规模以上农产品加工企业7.9万家、营业收入14.9万亿元。

 数说

党的十八大以来我国农业科技创新中的科技专项

30个：农业部重点实验室构建了水稻、麦类、大豆、棉花等以品种创新为主线的11个"纵向学科"，农业基因组学、作物有害生物综合治理等以共性技术创新为主线的19个"横向学科"。形成了以综合性重点实验室为龙头、专业性（区域性）重点实验室为骨干、农业科学观测实验站为延伸的"学科群"重点实验室体系。

12个：已启动涉农国家重点研发计划重点专项8个，分别是化学肥料和农药减施增效综合技术研发、七大农作物育种、畜禽重大疫病防控与高效安全养殖综合技术研发、粮食丰产增效科技创新、现代食品加工及粮食收储运技术与装备、智能农机装备、农业面源和重金属污染农田综合防治与修复技术研发、林业资源培育及高效利用技术创新专项。待启动的涉农重点专项有4个，分别是：主要经济作物优质高产与产业提质增效科技创新、海洋（蓝色）粮仓科技创新、绿色宜居村镇技术创新、场地土壤污染成因与治理技术。

　　203项：公益性行业（农业）科研专项共立项203项，围绕农业产业发展的应急性、培育性、基础性的共性技术需求，在品种增产潜力挖掘、轻简高效种养技术创新集成、农业动植物病虫害和非生物灾害防控、新型实用农业机械研究、农业资源高效利用等方面开展系统研究。

　　　　　　　　　　　　　　资料来源：《农民日报》，2017年9月19日。

5.2 农业科技进步贡献率不断攀升

　　新中国成立70多年来，在历届中央领导人的集体领导下，在一代代农业科技工作者的共同努力下，我国农业科技发展发生了翻天覆地的变化，农业科技创新整体水平已进入世界第二方阵，农业科技进步贡献率逐年攀升。

5.2.1 看——数字

　　党的十八大以来，我国大力实施创新驱动发展战略，农业科技创新步伐明显加快，成果转化和推广不断加强，主要农作物良种基本实现全覆盖，畜禽品种良种化、国产化比例逐年提升，在保障粮食生产安全和农产品有效供给、农业增效和农民增收等方面做出了重要贡献。农业科技正成为现代农业核心竞争力之所依，内生后劲之所在，转型升级之所系。

　　农业技术进步是指不断用先进的农业技术代替落后的农业技术，以促进农业生产力的发展。农业技术进步可以提高要素投入的效率，从而达到既节约投入又提高农业产出的目的，对农业发展具有极大的促进作用。农业技术进步是决定一个国家农业发展和竞争力的关键因素，是解决当前中国"三农"问题的必然选择。

目前，我国农业科技整体研发水平在发展中国家处于领先地位，与发达国家的差距逐步缩小。2019年，我国农业科技进步贡献率达到59.2%，这一数字一方面说明我国农业科技进步的贡献超过全部要素投入（资本、劳动、土地等）带来的增长之和，成为促进农业经济增长的最主要驱动力；另一方面，它也标志着我国的农业经济增长开始由主要依靠要素投入的粗放型增长开始转变为依靠科技进步的集约型增长。

从农业科技进步贡献率增速看，我国农业科技进步贡献率得到了较为迅速的提高，由1976—1980年间的26.68%提升至2019年的59.2%，增幅明显。尤其是近十年来，通过推进科教兴农，培育现代农业产业科技创新中心，推动农业主要作物全程机械化生产，在农业种植和养殖各环节应用各类农业科技成果，我国农业科技进步贡献率稳步提升，有效提升了农业发展的质量、效益和国际竞争力。

1976—2019年我国农业科技进步贡献率

年份	农业科技贡献率
1976—1980	26.68%
1981—1985	34.84%
1986—1990	27.66%
1990—1995	34.30%
1995—2000	45.16%
2005	48%
2010	52%
2013	55.2%
2015	56%
2016	56.65%
2017	57.5%
2018	58.3%
2019	59.2%

数据来源：1.《农业技术经济学》第四版，周曙东，中国农业出版社，2012。

　　　　　2.《中国农业农村科技发展报告（2012—2017）》。

　　　　　3. 农业农村部、科技部发布数据。

案例

不让成果成"花拳绣腿"

　　一粒种子如何改变世界？山东省农科院的科研工作者们认为，如果不能落地，诞生在实验室里的一项项高精尖成果只是好看不好用的"花拳绣腿"。将田间地头作为永远的实验室，才能使高科技的种子改变世界有了现实可能性。

　　"济麦22"是山东省农科院最新育成的超高产、多抗、优质中筋小麦新品种，连续8年蝉联全国种植面积最大的小麦品种，现已累计推广2.53亿亩，增产小麦200多亿斤。2014年山东省启动"小麦增产科技支撑计划"以来，山东省农科院已经有12个小麦新品种通过了国家及山东省审定，其中小麦新品系"烟农1212"实打亩产828.5千克，创我国冬小麦单产最高纪录。

　　在山东省农科院的带动下，山东省农业良种覆盖率达到98%以上，农业科技进步贡献率达到61.8%。

5.2.2 看——发展

　　科技是第一生产力，农业科技的大力发展为保障国家粮食安全、促进农民增收和农业绿色发展发挥了重要作用。总结过去发展经验，展望未来发展方向，我国应继续发展农业科技创新体系，完善现代农业技术体系，搭建科技创新平台，促进农业生产向机械化、自动化和智能化的现代生产方式转变。同时要考虑各省份各地区农业发展的差异，搭建农业科技资源配置平台，平衡各地区农业科技发展，发挥各地区农业生产优势，不断缩小地区差异，加快我国由农业大国向农业强国的转变。

　　完善农业科技创新体系，大力发展现代农业技术。70年来，我国农业科技创新体系从中央到地方层级架构完整，机构数量、人员规模、产业和学科覆盖面均达到世界前列。从"靠天吃饭"的传统生产，发展成良种良法配套、农机农艺融合的现代农业技术，成就辉煌。未来我国将继续推进农业科研、农业技术推广体系的全面建设，继续完善农业技术教育培训体系，发展新品种培育，病虫害科学防治，扩大设施农业发展，进一步提升现代农业技术水平。

搭建科技创新平台，夯实农业科学技术研究基础。70年来，从依靠"一把尺子一杆秤"的科研手段，发展成设施完备、装备精良的科技创新平台，促使我国农业生产实现了历史性转变。未来将继续改善农业科研机构的研究条件，重点建设国家和部省级农业重点实验室，搭建技术创新与成果转化类平台，加速农业科技成果转化和产业化，为科技兴农巩固研究基础。

科技已成为各省农业发展的主要驱动力，农业科技差异逐渐缩小。从2015年全国各省（直辖市、自治区）农业科技进步贡献率可以看出，各地区农业科技进步贡献率均显著提升，科技成为农业生产的主要驱动力。北京、上海农业科技进步贡献率已基本达到发达国家水平（70%～80%）；除西藏和贵州外，其他省份农业科技进步贡献率均超过50%，充分说明农业科技目前已是各省农业生产的最重要引擎。

2015年我国各省（直辖市、自治区）农业科技进步贡献率

地区	农业科技进步贡献率（%）	地区	农业科技进步贡献率（%）	地区	农业科技进步贡献率（%）	地区	农业科技进步贡献率（%）
全国	56.7	浙江	62.0	吉林	57.0	青海	55.0
北京	71.0	安徽	60.0	湖北	57.0	海南	55.0
上海	70.8	辽宁	59.8	江西	57.0	四川	55.0
江苏	66.2	宁夏	58.0	山西	56.8	陕西	54.8
黑龙江	65.5	湖南	58.0	广西	56.8	内蒙古	52.6
广东	65.0	重庆	58.0	河北	56.0	新疆	50.8
天津	64.0	福建	58.0	甘肃	56.0	西藏	45.9
山东	62.6	河南	57.8	云南	55.8	贵州	45.2

数据来源：王一杰，邸菲，辛岭. 我国粮食主产区粮食生产现状、存在问题及政策建议[J]. 农业现代化研究. 2018, 39 (01): 37-47.

5.3 农业科技财政投入不断加大

2014年8月，习近平总书记在中央财经领导小组第七次会议上的讲话中强调，"要加强党对科技工作的领导，把握方向，突出重点，形成拳头，狠抓落实。要保持财政对科技的投入力度，并全面提高科技资金使用效率。投入加大了，但不能浪费了、挥霍了，或者以各种形式进入个人腰包了，那就打水漂了。科研资金要进一步整合，不能分割和碎片化，不要作为部门的一种权威和利益，该集中的就要合理集中起来。"农业科技财政投入的不断加大为农业科技发展提供了有力保障。

5.3.1 看——农业科技财政投入水平

农业科技创新是促进农业农村经济发展的重要力量。由于农业科技具有公益性较强、创新周期较长等特征，这就导致对于农业科技创新的投入历来以财政投入为主。我国农业科技财政投入在农业科技发展中具有显著导向作用，对于农业生产及农村发展起到了至关重要的作用。

十八大以来，从中央到地方，农业科技发展以前所未有的力度强力推进，农业科技投入水平不断提高，为支持农业科技创新，中央财政投入13.4亿元，加强了农业部重点实验室条件能力建设；中央财政累计投入19.4亿元，专项用于中国农业科学院科技创新工程。在农技推广方面，中央投入58.5亿元基本建设资金，改善乡镇农技推广机构工作条件。2012年以来，中央财政每年投入26亿元，支持全国2 500多个农业县健全农技推广体系，提升农技推广效能①。

---

① 李丽颖. 现代农业的强力引擎——党的十八大以来农业科技创新发展综述［N］. 农民日报，2017-7-19.

在衡量国家及地区的科技投入水平时，经常使用R&D经费内部支出指标，它是科技投入的重要组成部分，与我国创新能力的提高息息相关。同时，R&D经费内部支出占GDP的比重，是评价一个国家或地区R&D活动规模和水平的重要尺度。此指标既考虑了科技活动经费的投入状况，又涉及社会生产活动的产出值，从两者的相关性水平上考察科技投入，反映所考察地区的科技投入强度，具有一定可比性。

2010—2017年我国农业R&D经费内部支出及占GDP比重情况

年份	农业R&D经费内部支出（亿元）	农业R&D经费内部支出占GDP比重（％）
2010年	81.06	0.019 6
2011年	88.37	0.018 1
2012年	106.01	0.019 6
2013年	113.47	0.019 1
2014年	120.41	0.018 7
2015年	144.32	0.020 9
2016年	158.14	0.021 3
2017年	182.59	0.022 2

数据来源：中国科技统计年鉴。

从上表可以看出，全国农业R&D经费内部支出总额呈现逐年增长的态势，由2010年的81.06亿元增加到2017年的182.59亿元，年平均增速17.89%，总体增速较快，农业科技财政投入水平不断提高。R&D经费内部支出占GDP的比重由2010年的0.019 6%增至2017年的0.022 2%。

我国目前正在建立逐年稳定增长的农业科技投入机制，在由政府主导的农业科技投入保障下，尝试吸引社会各方面资金，特别是推动金融资本对农业企业、农民合作社、社会化服务组织的资金支持，实现农业科技投入水平和使用效率的大幅提高。

？问答

如何理解R&D指标？

科学研究与试验发展（Research and Development，R & D）是衡量一个国家或地区科研水平的重要指标，包括基础研究、应用研究、试验发展三类活动，体现了科技创新活动的核心内容。从研发机构（科研机构、大专院校、企业）来看，R & D是用实际支出来反映科技投入水平的一种方式，具有良好的国际可比性。

5.3.2 看——绿色发展导向农业补贴政策

习近平总书记指出，推进农业绿色发展是农业发展观的一场深刻革命。农业要强，必须加快转变农业发展方式。农业绿色发展，这才是未来农业发展的方向。因此，只有更加注重涵养产能，更加注重结构优化，更加注重质量安全，加快农业生产方式由过度消耗资源向节能减排绿色发展转变，才能保证农业生产走上可持续发展道路。

2016年12月，财政部、农业部联合印发了《建立以绿色生态为导向的农业补贴制度改革方案》，其中要求"到2020年，基本建成以绿色生态为导向、促进农业资源合理利用与生态环境保护的农业补贴政策体系和激励约束机制，进一步提高农业补贴政策的精准性、指向性和实效性，促进农业可持续发展，加快农业现代化进程，实现农业强、农民富、农村美"。2017年9月，中共中央办公厅、国务院办公厅印发了《关于创新体制机制推进农业绿色发展的意见》，提出要把农业绿色发展摆在生态文明建设全局的突出位置，全面建立以绿色生态为导向的制度体系，基本形成与资源环境承载力相匹配、与生产生活生态相协调的农业发展格局。

农业绿色发展的新目标为未来农业科技创新指明了新方向，提出了新要求。为鼓励农业绿色发展，政府加大农业财政补助，坚持绿色发展理念，始终把支持农业生态建设放在重要位置，逐步健全农业生态建设财政政策体系，践行绿色发展，打造生态宜居乡村。在畜禽粪污资源化利用方面，2017年中央财政安排资金20亿元，支持启动畜禽粪污资源化利用试点工作。在支持秸秆综合利用方面，中央财政安排13亿元用于鼓励秸秆综合利用，不断提高农作物秸秆的综合开发利用及其利用率。在农业生态保护方面，2017年安排财政资金187.6亿元，继续实施草原生态保护补助奖励政策，支持各地加强草原保护建设；安排357.2亿元，支持完善天然林保护制度，加强林业生态保护；安排211亿元用于支持退耕还林还草，健全林业生态保护体系。

在践行"绿水青山就是金山银山"的绿色发展理念下，一系列以绿色生态为导向的补贴制度形成政策叠加效应，推动农业发展不断向"绿"向好。随着补贴改革的深入推进，绿色生产方式逐步建立，产业结构不断优化，优质、安全、特色的农产品供给日益丰富，农业绿色发展实现了生态效益、经济效益、社会效益的"三赢"格局，为助推农业供给侧结构性改革，实现乡村振兴添上浓墨重彩的一笔。

 声音

建立和完善以绿色生态为导向的农业补贴制度

陶怀颖（时任农业部财务司司长）：推进农业绿色发展是农业补贴制度改革的"风向标"和政策实施的"导航仪"，以绿色生态为导向的农业补贴制度是推进农业绿色发展的"指挥棒"。推动农业绿色发展是一项系统工程，涉及中央与地方权责、政府与市场、农民与国家等方面的利益关系调整，应稳中求进、扎实推进。当前和今后一个时期，要以创新体制机制为切入点，坚持目标引领和问题导向，加快建立和完善绿色生态为导向的农业补贴制度，建立推进农业绿色发展的长效机制。

——2017年10月17日，中国农村网

6 科技兴农　砥砺前行
——未来农业科技发展与应用前景

　　当前，以生物技术、信息技术、新材料技术、新能源技术为核心的新一轮科技革命和产业变革方兴未艾，并不断向农业领域加速渗透，掀起新一轮的全球农业科技革命，正在对农业产生越来越广泛而深刻的影响，引领和支撑农业实现节能、减排、绿色、低碳的可持续发展。2017年1月，习近平主席在联合国日内瓦总部的演讲中提到："要抓住新一轮科技革命和产业变革的历史性机遇，转变经济发展方式，坚持创新驱动，进一步发展社会生产力、释放社会创造力"。党的十八大以来，党中央不断加强统筹谋划与顶层设计，我国农业科技体制机制改革与创新政策密集出台，农业科技创新步伐明显加快，成果转化和推广不断加强，农业科技在保障国家粮食安全和主要农产品有效供给、促进农业增效农村增绿农民增收、推进现代农业建设等方面成效日趋显著。在看到成绩的同时，更需要清醒地认识到，我国农业发展中不平衡、不协调、不可持续的问题依然

突出，制约农业科技进步的瓶颈问题依然突出，真正给农业插上科技的翅膀依然任重道远。展望未来，要更加重视农业科技创新，坚持不懈推进农业科技进步，走创新驱动发展道路，提升我国农业科技创新力和产业竞争力。

6.1 新时代农业科技发展战略

党的十八大以来，以习近平同志为核心的党中央不断强调农业科技创新在农业发展中的重要作用，提出"农业发展的根本出路在科技进步"，把科技创新作为提高社会生产力和综合国力的战略支撑，摆在国家发展全局的核心位置。

6.1.1 看——十八大以来的重要论述

2013年9月，习近平总书记在十八届中央政治局第九次集体学习中指出，"改革开放三十五年来，我国发展的很多方面走过了西方发达国家上百年甚至数百年的发展历程，科技在其中发挥了重要作用。我们要推动新型工业化、信息化、城镇化、农业现代化同步发展，也必须充分发挥科技进步和创新的作用。"

2013年11月，习近平总书记在山东农科院考察时，对农业科技创新作出了重要指示，强调"农业的出路在现代化，农业现代化关键在科技进步；我们必须比以往任何时候都更加重视和依靠农业科技进步，走内涵式发展道路"，指出"要给农业插上科技的翅膀，按照增产增效并重、良种良法配套、农机农艺结合、生产生态协调的原则，促进农业技术集成化、劳动过程机械化、生产经营信息化、安全环保法治化，加快构建适应高产、优质、高效、生态、安全农业发展要求的技术体系。"

2013年12月，习近平总书记在中央农村工作会议上指出，"一粒种子可以改变一个世界，一项技术能够创造一个奇迹。要舍得下力气、增投入，注重创新机制、激发活力，着重解决好科研和生产'两张皮'问题，真正让农业插上科技的翅膀。"

2015年5月，习近平总书记在华东七省市党委主要负责同志座谈会上的讲话中明确指出，"同步推进新型工业化、信息化、城镇化、农业现代化，薄弱环节是农业现代化。要着眼于加快农业现代化步伐，在稳定粮食和重要农产品产量、保障国家粮食安全和重要农产品有效供给的同时，加快转变农业发展方式，加快农业技术创新步伐，走出一条集约、高效、安全、持续的现代农业发展道路。"

2016年3月，习近平总书记在参加十二届全国人大四次会议湖南代表团审议时强调，"推进农业供给侧结构性改革，提高农业综合效益和竞争力，是当前和今后一个时期我国农业政策改革和完善的主要方向。要以市场需求为导向调整完善农业生产结构和产品结构，以科技为支撑走内涵式现代农业发展道路，以健全市场机制为目标改革完善农业支持保护政策，以家庭农场和农民合作社为抓手发展农业适度规模经营。"

2016年4月，在农村改革座谈会上，习近平总书记指出，"放活土地经营权，推动土地经营权有序流转，政策性很强，要把握好流转、集中、规模经营的度，要与城镇化进程和农村劳动力转移规模相适应，与农业科技进步和生产手段改进程度相适应，与农业社会化服务水平提高相适应。"

2017年5月，习近平总书记在致中国农业科学院建院60周年的贺信中谈到，"农业现代化关键在科技进步和创新。要立足我国国情，遵循农业科技规律，加快创新步伐，努力抢占世界农业科技竞争制高点，牢牢掌握我国农业科技发展主动权，为我国由农业大国走向农业强国提供坚实科技支撑。"

2018年9月，习近平总书记在黑龙江北大荒建三江国家农业科技园区考察时指出，"中国现代化离不开农业现代化，农业现代化关键在科技、在人才。要把发展农业科技放在更加突出的位置，大力推进农业机械化、智能化，给农业现代化插上科技的翅膀。"

6.1.2 看——十九大报告中的重要思想、理念与论述

2017年10月，中国共产党第十九次全国代表大会在北京召开。习近平总书记代表第十八届中央委员会向大会作出的报告中强调，在"坚定实施科教兴国战略、人才强国战略、创新驱动发展战略"指引下，在现代化经济体系建设方面，我国"必须坚持质量第一、效益优先，以供给侧结构性改革为主线，推动经济发展质量变革、效率变革、动力变革，提高全要素生产率，着力加快建设实体经济、科技创新、现代金融、人力资源协同发展的产业体系，着力构建市场机制有效、微观主体有活力、宏观调控有度的经济体制，不断增强我国经济创新力和竞争力。"

在此基础上，报告一方面提出"加快建设创新型国家"，指出"创新是引领发展的第一动力，是建设现代化经济体系的战略支撑。要瞄准世界科技前沿，强化基础研究，实现前瞻性基础研究、引领性原创成果重大突破。加强应用基础研究，拓展实施国家重大科技项目，突出关键共性技术、前沿引领技术、现代工程技术、颠覆性技术创新，为建设科技强国、质量强国、航天强国、网络强国、交通强国、数字中国、智慧社会提供有力支撑。加强国家创新体系建设，强化战略科技力量。深化科技体制改革，建立以企业为主体、市场为导向、产学研深度融合的技术创新体系，加强对中小企业创新的支持，促进科技成果转化。倡导创新文化，强化知识产权创造、保护、运用。培养造就一大批具有国际水平的战略科技人才、科技领军人才、青年科技人才和高水平创新团队。"

另一方面，十九大报告还在首次提出的"实施乡村振兴战略"中强调，"农业农村农民问题是关系国计民生的根本性问题，必须始终把解决好'三农'问题作为全党工作重中之重。要坚持农业农村优先发展，按照产业兴旺、生态宜居、乡风文明、治理有效、生活富裕的总要求，建立健全城乡融合发展体制机制和政策体系，加快推进农业农村现代化"。要求"构建现代农业产业体系、

生产体系、经营体系，完善农业支持保护制度，发展多种形式适度规模经营，培育新型农业经营主体，健全农业社会化服务体系，实现小农户和现代农业发展有机衔接。"

从十九大报告中可以看出，实现农业农村现代化是解决"三农"问题的有效手段，而农业农村现代化核心在于科技，关键在于农业科技创新、农业科技进步。

6.2 农业科技体制机制改革

2014年6月，习近平总书记在中国科学院第十七次院士大会、中国工程院第十二次院士大会上的讲话中谈到，"多年来，我国一直存在着科技成果向现实生产力转化不力、不顺、不畅的痼疾，其中一个重要症结就在于科技创新链条上存在着诸多体制机制关卡，创新和转化各个环节衔接不够紧密。就像接力赛一样，第一棒跑到了，下一棒没有人接，或者接了不知道往哪儿跑。要解决这个问题，就必须深化科技体制改革，破除一切制约科技创新的思想障碍和制度藩篱，处理好政府和市场的关系，推动科技和经济社会发展深度融合，打通从科技强到产业强、经济强、国家强的通道，以改革释放创新活力，加快建立健全国家创新体系，让一切创新源泉充分涌流。"

6.2.1 看——农业科技体制机制创新的重要性

创新驱动发展战略是一项系统工程，让创新成为驱动农业发展新引擎，必须全面深化改革现有科技体制机制，形成全面鼓励和支持创新的新体制新机制，提升创新体系效能，着力激发创新活力。2018年的两院院士大会上，习近平总书记重申2014年他在两院院士大会讲话中的原话，实施创新驱动发展战略，"最紧迫的是要破除体制机制障碍，最大限度解放和激发科技作为第一生产力所蕴藏的巨大潜能"。推进农业科技体制机制改革创新，是深入实施创新驱动发展战略、保障现代农业又好又快发展的动力之源。农业科技创新是农业科技与农业经济的结合，既是一种技术行为，也是一种经济行为，具有公益性较强、区域性明显、行为主体多、创新周期长等特点，这也是农业科技创新与其他产业科技创新的区别所在。必须从农业科技创新的特征出发，寻求阻碍我国农业科技创新的症结所在，要完成农业科技体制机制的改革及创新工作，加强顶层设计，破除一切制约农业科技创新的思想障碍和制度藩篱，合理配置农业科技资源，优化体制环境，创新运行机制，建立运转高效的新型农业科技创新体系，在农业科技资源的配置、农业科研成果的处置、农业科技创新的治理体系构建等诸多方面取得新的突破，才能最大限度解放和激发科技作为第一生产力所蕴藏的巨大潜能，才能够真正做到遵循农业科技发展规律，以产业需求和问题导向，依靠自主创新驱动农业发展。

 问答

如何理解体制及机制的涵义？

"体制"是指国家机关、企事业单位在机制设置、领导隶属关系和管理权限划分等方面的体系、制度、方法、形式等的总称，是管理经济、政治、文化等社会生活各个方面事务的规范体系。例如国家领导体制、经济体制、军事体制、教育体制、科技体制等。制度决定体制内容并由体制表现出来，体制的形成和发展要受制度的制约。

"机制"原指机器的构造和运作原理，借指事物的内在工作方式，包括有关组成部分的相互关系以及各种变化的相互联系。机制通常指制度机制，机制是从属于制度的。机制通过制度系统内部组成要素按照一定方式的相互作用实现其特定的功能。制度机制运行规则都是人为设定的，具有强烈的社会性。如竞争机制、市场机制、激励机制等。

6.2.2 看——农业科技体制机制改革政策密集出台

党的十八届三中全会通过的《中共中央关于全面深化改革若干重大问题的决定》，对深化科技体制改革作出了明确部署，描绘了中国科技体制改革"路线图"。党的十八届四中全会对完善激励创新的知识产权保护制度和促进科技成果转化体制机制提出了要求。2015年3月13日，《中共中央国务院关于深化体制机制改革加快实施创新驱动发展战略的若干意见》正式印发，从8个方面提出了30条改革举措。2015年9月24日，中共中央办公厅、国务院办公厅印发了《深化科技体制改革实施方案》，以问题为导向，针对科技创新和驱动发展存在的体制机制和政策制度障碍，提出了10个方面32项改革举措143项政策点和具体成果。2015年8月24日，农业部印发了《关于深化农业科技体制机制改革加快实施创新驱动发展战略的意见》，从5个方面23项内容对农业科技体制机制改革进行具体部署。此外，科技计划改革、成果处置改革等一系列重大举措也纷纷出台。

6.3 新农业科技革命和产业变革

6.3.1 看——生物农业领域

生物农业是指按照自然的生物学规律，采取现代生物技术手段，综合运用育种技术体系和农业用品研发体系，培育性状更优、产量更高的农业新品种，研制性能高效、安全的农业用品，适当投入能量和资源，维持系统最佳生产力的现代农业发展技术和产业模式。生物技术与农业生产相融合，在增加农产品产量、改善农业作物品质、优化土壤结构、降低资源损耗方面发挥了重要的作用。生物农业日益成为现代农业发展的必然选择和国际农业竞争的重点方向。实施"以生物技术为核心的知识财富"战略早已成为各国政府的共识。例如，美国率先制定了"人类基因组计划"和"面向21世纪的生物技术计划"，随后日本制定了"官产学一体化推进的生物技术行动计划"，欧洲确立了"尤里卡计划"。发达国家政府均将农业生物技术列入优先支持的技术领域，以农业生物技术为支撑的生物农业被视为优先发展的重要产业。生物农业同样也是我国应对农业问题、推动农业科技革命的有效途径。生物农业主要包括生物育种、生物饲料、生物农药、生物肥料、生物疫苗等领域。

（1）生物育种。

生物育种是利用遗传学、细胞生物学、现代生物工程技术等方法原理培育生物新品种的过程。"农以种为先"，种子是农业产业发展的首要环节和重要载体，是国内外农业产业竞争的源头和焦点。据联合国粮农组织统计，今后全球粮食总产量增长80%贡献率需依赖提高单产，而单产提高60%～80%贡献率需依赖良种。在常规育种过程中，通常把两个品种杂交，把父本的所有基因导入母本，通过杂交分离重新组合及多代自交纯合后，再经过高强度选择后保留需要的类型，得到新的品种。常规育种方法，受到育种材料遗传背景狭窄、生殖屏障无法跨越、选择效率低下等多因素约束，具有一定的盲目性，费时费力。生物育种主要是通过将品种优良的性状用基因工程转移到另一个品种中，以增强该品种的质量，具有更精确、更高效、更可控且可预见的显著优势。生物育种还可以提高育种效率和性状改良的针对性，可以使育种时间比常规育种缩短一半。借助生物技术的方法，可以将田间试验大部分工作量转移到实验室进行，从而减轻田间育种的工作量，使育种工作更加轻松。现代生物育种是以生物信息为依据，以高通量分子标记技术为手段的种子创造过程，它需要进行专业化的分工和合作。美国20世纪90年代生物育种技术就得到了普及，生物育种工作得到广泛的开展。生物育种的技术方法主要包括转基因育种技术、分子标记辅助选择育种技术、分子设计育种技术等。生物育种技术体现着当代生物科学研究的最新成果及其应用。培育优质的品种，生物育种起到决定性作用。

我国目前在超级稻、转基因抗虫棉等生物育种领域达到国际先进水平，成为少数能独立完成大作物测序工作的国家之一。在作物育种方面，我国重要农作物功能基因发现与克隆、调控网络解析以及新一代基因组测序技术取得了较快的进展，挖掘出一批优异种质资源及基因，基本完成了水稻、小麦、玉米、棉花、大豆、谷子、番茄、黄瓜、甘蓝、白菜等主要农作物的基因图谱绘制和测序工作。新一轮以强优势杂交种为主体的杂种优势利用研究及其产业化引领世界，分子育种技术得到普遍运用，全基因组选择技术、基因组编辑技术正趋于成熟。总体来看，作物育种已由经验型向科学化转变、性状变异由随机产生向有序设计转变。育种目标跨越了对单一性状的改造阶段，优质、高产、抗逆、广适以及提高光温水肥资源利用效率、适宜机械化等复合性状聚合育种正大踏步地进入育种程序，品种综合性状得到有效改良。在动物育种方面，借助于基因组编辑技术、全基因组选择技术，动物育种效率大幅提高，基本完成了猪、牛、羊、鸡、鸭、鹅等动物的基因组测序，建立了中国荷斯坦牛分子育种技术体系。在畜禽基础群规模缩小一半的情况下，畜禽遗传进展速度也能提升20%。创建了活体、组织、细胞、基因等不同水平的水生生物种质资源库，构建了传统选育、分子选育和基因组选择相结合的育种技术体系，开展水产新品种选育，引进一批高增值潜力的养殖新对象。

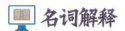

名词解释

Bt抗虫棉

  Bt抗虫棉是用现代高科技和农业生物工程技术，把一种叫做苏云金杆菌的微生物所产生的杀虫蛋白基因，经过人工改造后转入到棉花植株内，并将它成功地整合到棉花细胞的基因中去，从而使这种转基因棉花含有了杀虫蛋白基因。这种转入到棉花组织中的Bt杀虫蛋白基因能够表达、控制、合成一种叫σ-内毒素的伴胞晶体，使棉株随着自身的生长，就能产生一种有毒的物质——内源毒素，使棉株本身具有杀死棉铃虫幼虫的能力。喷施棉花吨田宝可以通过调节Bt基因的表达，调控σ-内毒素的合成，调节Bt抗虫棉的抗虫性。

拓展阅读

一项技术产生500亿经济效益

20世纪90年代前期，棉铃虫灾害致使长江流域棉产区减产30%以上，黄河流域棉产区减产60%~80%，部分地区甚至绝产，每年给国家造成几十亿元甚至上百亿元的经济损失。

应用转基因技术的抗虫棉成为应对之道。1997年，国内约95%的抗虫棉种子由国外跨国公司提供，但在2010年，国内市场约95%的抗虫棉已经是国产品种，国产抗虫棉的研发和大规模应用普及，打破了跨国公司的垄断。

"转基因抗虫棉的研发与应用是我国生物农业领域值得借鉴的产业化尝试。"中国工程学院院士万建民教授介绍，转基因抗虫棉推广应用以来累计创造社会经济效益500亿元以上。近年来开发的三系杂交抗虫棉新品种推广400万亩，比常规抗虫棉增产25%以上，制种效率提高40%以上，制种成本降低60%。转基因抗虫棉的推广应用有效保障了棉花增产和棉农增收，成为我国独立发展转基因育种、打破跨国公司垄断、抢占国际生物技术制高点的范例。

（2）生物饲料。

生物饲料是指以饲料和饲料添加剂为对象，以基因工程、蛋白质工程、发酵工程等高新技术为手段，利用微生物发酵工程开发和提取的新型饲料资源和饲料添加剂，主要包括发酵饲料、酶解饲料、菌酶协同发酵饲料和生物饲料添加剂等。依据我国生物饲料第一份团体标准 T/CSWSL 001-2018《生物饲料产品分类》，根据原料组成、菌种或酶制剂组成、原料干物质的主要营养特性，生物饲料可分为4个主类、10个亚类、17个次亚类、50个小类和112个产品类别。生物饲料是生物技术化的一种新型饲料，是适应21世纪人类食品生产需要的新型饲料技术。生物饲料已经成为世界上饲料行业研究开发的重点。生物饲料具有提高饲料品质、改善饲料的适口性、促进畜禽肠道健康、提高饲料利用率、促进营养吸收等优点。生物饲料不仅有利于节约粮食，减缓人畜争粮的问题，而且还可降低畜禽粪氮、粪磷的排放量，从而大幅度减轻养殖业造成的环境污染。此外，在饲料中应用生物技术产品可减少抗生素等有害的饲料添加剂的使用，改善动物健康水平，从而提高禽蛋、肉产品等的食品安全性。

我国已在生物饲料研发方面形成多学科协作，建立了生物饲料开发国家工程中心、农业部饲料生物技术重点开放实验室等研发机构与平台，建成中试车间和中试基地200余个。我国有1 000余家生产企业专业从事生物酶制剂、益生素、植物提取类饲料添加剂的生产，我国生物饲料添加剂的年总产值近500亿元，并在以年均20%的速度递增，发展潜力十分巨大。2015年9月，中国生物饲料科技创新战略联盟在天津正式成立，该联盟将整合生物饲料行业产、学、研等各方资源，借助生物饲料开发国家工程研究中心公共平台，集成生物饲料行业内外的技术应用成果，搭建开放的最前沿的技术转化渠道。

我国目前在生物饲料添加剂特别是酶添加剂的研发水平已经跻身国际前列，饲料用植酸酶生产技术也处于国际领先水平，并得到了大规模产业化应用，植酸酶产品年生产、销售超过15 000万吨，产值超过2亿元，占据了国内植酸酶市场的95%以上，并有60%以上的产品出口。另外，开发出木聚糖酶、

β-甘露聚糖酶、β-葡聚糖酶等一批饲用酶制剂，为饲料用生物制品的推广应用和产业化发展提供了重要支撑。

（3）**生物农药**。

生物农药主要是指直接利用生物活体或生物代谢过程中产生的具有生物活性的物质或从生物体提取的物质（以及人工合成且与天然化合物结构相同的物质）作为防治病、虫、草、鼠害的农药，也就是通常所说的生物源农药。生物农药也称为天然农药，具有非化学合成，来自天然的化学物质或生命体，而具有杀菌农药和杀虫农药的作用。生物农药按照其成分和来源可分为微生物活体农药、微生物代谢产物农药、植物源农药、动物源农药四类。由于生物农药具有自然降解快、对病虫害选择性强、对人畜毒性低等特点，被广泛应用于农业生产中病虫害防治，特别是在无公害和有机农业生产领域，生物农药已成为保障人类健康和农业可持续发展的重要手段。

生物农药的出现和发展是与生物防治研究的发展及化学农药的使用分不开的。人类长期依赖和大量使用有机合成化学农药，引致的"农药公害"问题日趋严重。大量化学农药使用带来了众所周知的环境污染、生态平衡破坏和食品安全等一系列问题，对推动农业经济实现持续发展带来许多不利的影响。随着

科学技术不断发展进步，减少使用化学农药，保护人类生存环境，研究开发利用生物农药防治农作物病虫害越来越重要。生物农药具有安全、有效、无污染等特点，能够满足保护生态环境和社会协调可持续发展的新要求。

目前，全球生物农药的使用量每年以约10%的速度增长。在美国市场上有200多个产品，在欧洲市场为60个类似产品。经过多年的发展，我国生物农药产品的生产已经形成了一定规模，如年产值超过亿元的品种已经有4个（分别为井冈霉素、赤霉素、阿维菌素和B₁杀虫剂），特别是在井冈霉素、阿维菌素和赤霉素方面，我国已成为世界上最大的生产国。我国生物农药产业已形成以苏云金杆菌、球孢白僵菌等细菌、真菌、棉铃虫核型多角体病毒等昆虫病毒、天然植物生长调节剂和植物源农药等为核心的生物农药研发生产能力。据统计，截止2017年底，除农用抗生素外，我国共有102种有效成分作为微生物农药、生物化学农药、植物源农药、天敌生物等类别进行农药登记，共登记产品1 397个，涉及生产企业400多家。登记作物包括水稻、小麦、棉花、果树（苹果、柑橘等）、十字花科蔬菜等。

（4）生物肥料。

生物肥料又称为微生物肥料、接种剂或菌肥等，是指以微生物的生命活动为核心，使农作物获得特定的肥料效应的一类肥料制品。生物肥料能改良土壤，提供或活化被土壤固定的营养元素，提高化肥利用率，为作物根际提供良好的生态环境，改善农产品品质，增强作物抗逆性，是绿色农业和有机农业的理想肥料。生物肥料大致分为三类，包括固体型生物肥料、种子包衣型生物肥料、液体型生物肥料。与传统肥料相比，生物肥料在保护生态、农业废弃物资源利用、维护土壤健康、提高肥料利用率和农产品品质等方面具有优势。例如，试验证明，生物肥料对粮食、棉花、油料作物的增产效果非常明显。玉米施用生物肥料不仅能够减少化肥用量，提高氮磷肥料的利用率，还可提高玉米产量；有机水稻上使用生物肥料增产14.7%～24.9%；花生使用生物肥料增产9.93%～11.56%；大豆施用根瘤菌肥增产15.0%等。

📖**拓展阅读**

　　改革开放初期，六六六、滴滴涕、对硫磷等有机氯类、有机磷类高毒农药，是农民广泛使用的主要杀虫剂，而现在这些高毒农药品种早已被淘汰，取而代之的是对人和环境友好的低毒、微毒甚至是无毒农药。"我们对农药的管理要求从一开始关注其自身的有效性，到更关注其对人和生态的风险和安全性。既注重登记准入前的层层把关，也会对已获登记的农药产品进行风险再评价。"农业农村部农药检定所所长周普国介绍，因毒性高、难降解等因素，曾在特定历史时期对服务农业生产、解决温饱问题发挥重要作用的高毒农药，被我国逐步分批列入淘汰清单。从1983年禁用滴滴涕和六六六开始，我国淘汰高毒高风险农药的步伐不断加快，目前已淘汰43种高毒高风险农药，限用23种农药。高毒农药所占比例从20世纪七八十年代的70%以上，降为目前仅占1.2%。现在仅有10种高毒农药，仅占登记农药产品总数的1.4%。此外，对高风险农药采取禁限用措施，禁止在果菜茶生产上使用。现在农业上用的10种高毒农药也将于5年内全部淘汰，这在世界上来看都是走在前列的。曾经以使用方便、价格便宜、效果好著称的全球用量第二大的除草剂"百草枯"也已告别了市场，自2016年7月1日起国内全面禁止百草枯水剂的销售和使用。

　　不仅更绿色，农药的使用量也在不断"瘦身"。2015年，农业部发起的农药使用量"零增长"行动在全国全面展开，各级农业部门通过推广农药新产品、用药新技术、新型高效植保药械、推进专业化统防统治和绿色防控等一系列强有力的措施，促进精准施治和农药减量。安徽、江苏、湖北等多省连续三年农药使用量下降，全国提前三年完成了"零增长"目标，三大粮食作物农药利用率也提升到了38.8%。

　　随着人们对发展绿色农业、生态农业的需求日益提升，为开发生产高效优质的生物肥料提供了一个极好的发展机遇。而且，由于滥用化肥引起的土壤质量下降，地下水污染等问题日益突出，无污染的生物肥料的综合作用更显示出它的应用优势和良好的发展前景。目前，国际上已有70多个国家生产、应用和推广生物肥料。我国在20世纪90年代初期成立了农业部生物肥料质量监督检验测试中心，负责全国生物肥料产业的登记、质检和监督工作。截至2019年5月底，我国生物肥料企业总数达到2 050家，年产量3 000万吨，年产值400亿元。农业部登记证产品6 428个，累积应用面积3亿亩以上（包括蔬菜、果树、甘蔗、中草药、烟草等）；使用菌种152个，前10位菌种分别为：枯草芽孢杆菌、胶冻样类芽孢杆菌、地衣芽孢杆菌、巨大芽孢杆菌、解淀粉芽孢杆菌、酿酒酵母、侧孢短芽孢杆菌、细黄链霉菌、植物乳杆菌、黑曲霉。生物肥料已经成为我国新型肥料中年产量最大、应用面积最广的品种。

6.3.2 看——生态农业领域

生态兴则文明兴，生态衰则文明衰。生态农业是现代农业发展的方向之一，对于保护生态环境，促进人与自然协调可持续发展意义深远、影响重大。生态农业有时也称为自然农业、有机农业、持久农业，是指在经济和环境协调发展的原则下，按照生态学、经济学的原理，总结吸收各种农业生产方式的有效经验，运用现代科学技术和现代管理手段，所形成的经济效益、社会效益和生态效益相统一的农业。生态农业是世界农业发展史上的一次重大变革，是20世纪60年代末期相对于"石油农业"而出现的概念。20世纪70年代以来，现代农业发展的问题日益凸显，它在给人们带来高效的劳动生产率和丰富的物质产品的同时，也造成了土壤侵蚀、农药残留、农业面源污染等生态危机。各国开始探索农业发展的新途径和新模式。生态农业为农业发展指明了新的方向。一般认为，生态农业是一个农业生态经济复合系统，将农业生态系统同农业经济系统综合统一起来，以取得最大的生态经济整体效益。它也是农、林、牧、副、渔各业综合起来的大农业，又是将农业种植、养殖、加工、销售、旅游综合起来，适应市场经济发展的现代农业。生态农业要求把协调发展与环境之间、资源利用与保护之间的矛盾，形成生态上与经济上两个良性循环，经济、生态、社会三大效益的统一。生态农业具有节约、高效、清洁、优质、持续等典型特征，它强调农林牧副渔生产结构合理化、投入减量化、生产过程清洁化、废物利用资源化、产品质量安全化，强调农业的生态服务功能，将农业发展方式由"两高一低"（资源高消耗、废弃物高排放、物质能量低利用）转变为"两低一高"（资源低消耗、废弃物低排放、物质能量高利用），被誉为"21世纪农业的最佳生产模式"。

发展生态农业急需农业科技的支撑，特别是能促进资源节约、环境保护，实现人口、资源、环境协调发展的生态技术的研制与应用，将成为生态农业可持续发展的不竭源泉和永续动力。这些生态农业技术或技术体系涉及的领域和范围非常广泛，与农业生产的各个环节密切相关。目前生态农业技术研究的重点集中在农业资源综合利用技术领域，以提高农业资源利用效率为核心，以节地、节水、节肥、节药、节能为目的，以农业资源综合利用的循环经济为重点，有针对性地开发"资源节约型"和"环境友好型"技术，是世界各国农业科学技术的研发重点。

（1）农业节水灌溉技术。

水资源是各种资源中不可替代的一种重要资源，随着经济和社会的发展，对水的需求将显得更为突出，水资源将日趋紧张。据世界银行调查，占世界人口40%的80个国家面临水资源危机。据联合国预计，到2025年世界将有一半人口生活在缺水地区。节水灌溉是世界灌溉技术发展的趋势，是缓解水资源危机和实现高效、精准农业的必然选择。全球农业节水灌溉以喷滴灌为主。世界上节水灌溉技术发展最好的国家是以色列，目前80%以上的灌溉面积使用滴灌技术。全球喷滴灌面积保持较高水平的同时，新型喷滴灌技术也快速涌现，包括水肥一体化、压力灌溉技术、埋藏式灌溉技术、喷洒式灌溉技术、散布式灌溉技术和智能式喷灌系统等。智能式喷灌系统以提高水分利用率和水分利用效率为目的，应用专家系统、计算机网络技术、控制技术资源数据库、模拟模型等技术的集成，达到时、空、量、质上的精准灌水。

（2）**垂直农业生产技术**。

垂直农业又称垂直农耕，这一概念最早由美国哥伦比亚大学教授德斯帕米尔提出。德斯帕米尔希望在由玻璃和钢筋组成的光线充足的建筑物里能够出产人们所需的食物。垂直农业是科学家为了研究未来农业发展面临的人口压力及资源匮乏问题所提出的一个新概念，主要任务在于解决资源与空间的充分利用，在于单位面积产量的最大化发挥，所形成的一种农业耕作方式。在建筑物内，所有的水都被循环利用；植物不使用堆肥；产生的甲烷等气体被收集起来变成热量；牲畜的排泄物成为能源的来源等。垂直农业是一种获取食物、处理废弃物的新途径，一般被视为当前普遍存在的室内温室的"升级版"。垂直农业以其无限的发展空间与生长优势，而成为现代农业先进生产力的代表，是改变当前资源匮乏及环境污染及人力投入过大传统模式的替代农业。

（3）**农业生物质能利用技术**。

随着世界人口增长和各国经济的快速发展，能源短缺压力不断加大。而且，传统大量使用石化能源的过程中，环境问题日益凸显。生物质是指通过光

案例

Sky Greens—新加坡的垂直旋转蔬菜农场

新加坡有一家垂直旋转蔬菜农场——Sky Greens。这个农场依靠太阳能发电提供照明和动力，收集雨水用于灌溉，所有有机废物腐熟发酵再利用，其基本原则是功能最大化，对环境影响最小化，基本做到了不用水电，只靠阳光雨露。Sky Greens 的核心科技是节约、循环、再利用，还有全球首个水力液压驱动的低碳垂直栽培系统，它可以保证在消耗少量水、能量和自然资源的前提下，实现更高的产量以及可持续的绿色生产。

在 Sky Greens，除了利用太阳能发电，其温室四周墙壁全是透明玻璃，尽量保证作物对光照的需求。室内的垂直栽培系统，其主体是 A 形塔，每个塔上有多层种植槽用于种植蔬菜，每个种植槽缘着 A 形架旋转，以保证所有蔬菜都能得到同样光照和灌溉，并保证空气的流通。A 形塔的旋转系统无需发电机的支持，它由特殊的重力辅助水滑车系统驱动，所用到的水来源于温室顶部的雨水收集池。所以，这套系统的碳排放量很低，一套 A 形塔的能耗仅相当于一盏 60w 的灯泡。

Sky Greens 所有的高效利用措施保证了其低成本运行，而产量又比其他温室农场更高，其生产效率是传统农场的 5~10 倍。

合作用而形成的各种有机体，包括所有的动植物和微生物。而生物质能，就是太阳能以化学能形式贮存在生物质中的能量形式，即以生物质为载体的能量。它直接或间接地来源于绿色植物的光合作用，可转化为常规的固态、液态和气态燃料，取之不尽、用之不竭，是一种可再生能源。而且，生物质能源是唯一一种可贮存和运输的可再生能源。生物质能一直是人类赖以生存的重要能源，它是仅次于煤炭、石油和天然气而居于世界能源消费总量第四位的能源，在整个能源系统中占有重要地位。据估计，每年地球上仅通过光合作用生成的生物质总量就达1 440亿~1 800亿吨（干重），其能量约相当于20世纪90年代初全世界总能耗的3~8倍。农业生物质资源种类繁多，主要包括农作物秸秆、林木生物质、畜禽粪便等。农业生物质能具有分布广泛、生产安全、可再生，低污染、二氧化碳零排放等优势，符合社会需求发展和能源变革的方向。现代生物质能的利用是通过生物质的厌氧发酵制取甲烷，用热解法生成燃料气、生物油和生物炭，用生物质制造乙醇和甲醇燃料，以及利用生物工程技术培育能源植物，发展能源农场。

（4）有害生物综合防治技术。

由于长期对化学农药的过度依赖，使人类在对有害生物的治理过程中出现了3R问题，即有害生物抗性（Resistance）、有害生物再增猖獗（Resurgence）和农药残留（Residue）。20世纪60年代，美国作家卡尔逊所著的《寂静的春天》一书曾轰动全球。书中着重突出了化学农药对生物界、生态环境的危害性及可能造成的悲剧等。滥用农药的问题引起世界各国的广泛关注，许多发达国家重新审定植保政策、研究方向、农药生产及其相关法律法规。有害生物综合防治，是从农业生态系统总体出发，根据有害生物和环境之间的相互关系，充分发挥自然控制因素的作用，因地制宜，协调应用必要的措施，将有害生物控制在经济受害允许水平之下，以获得最佳的经济、生态、社会效益。但它不要求将有害生物彻底消灭。防治不仅仅要考虑治理有害生物，同时还要考虑其他生物、环境和生态系统的安全性，以及经济问题。

📖 拓展阅读

我国六大区域现代生态农业模式

2014年，农业部在全国启动建设了13个现代生态农业示范基地，从区域突出环境问题入手，以新型农业经营主体为主体，因地制宜地配置低碳循环、节水、节肥、节药和面源污染防治的技术和设施，探索出了六大区域现代生态农业模式。

1. 为解决南方水网地区农业面源污染问题，湖北省峒山村现代生态农业示范基地通过化肥减施、绿色防控、稻虾共作、林下养禽等关键技术，配套生态沟渠、湿地等工程，构建的"源头消减＋综合种养＋生态拦减"水体清洁型生态农业建设模式。

2. 针对西南丘陵地区水土流失、化肥农药过量问题，重庆市二圣镇集体村现代生态农业示范基地通过集成节水节肥节药技术，加强农业废弃物综合利用、农村清洁和生态涵养工程建设，构建的"生态田园＋生态家园＋生态涵养"生态保育型生态农业建设模式。

3. 针对华北平原区化肥农药投入强度高、种植单一化、地下水漏斗等突出问题，山东省齐河县焦庙镇周庄村现代生态农业示范基地依托新型经营主体，培育社会化服务组织，构建的"种养结合化＋生产标准化＋生物多样化"的集约化农区清洁生产型生态农业建设模式。

4. 针对西北干旱区水资源短缺、"白色污染"问题，甘肃省金昌市金川区古城村现代生态农业示范基地构建的"农田综合节水＋地膜综合利用＋种植间作套作"的节水环保型生态农业建设模式。

5. 针对黄土高原区水土流失、生态环境脆弱、土壤有机质缺乏现状，山西省临汾市吉县东城乡现代生态农业示范基地构建的"生态种植＋生态节水＋循环利用"果园清洁型生态农业建设模式，大力发展果粮间作、林果业为主的特色种植。

6. 面对大中城郊水土资源、劳动力紧张、外来及内在污染风险并存、生态农产品供应能力不足问题，浙江省宁波市鄞州区章水镇郑家村现代生态农业示范基地构建的"种养合理配置＋污染综合防控＋生态产品增值"大中城郊生态多功能生态农业建设模式。

拓展阅读

提高资源利用率防治农业面源污染

水资源和水域环境与农业生产密不可分。一方面，作物生长需要洁净的灌溉用水，另一方面农业生产也直接影响着水域环境的安全。

在我国广大南方水网密布地区，雨量丰沛，水系发达，农业生产与水环境相辅相成。湖北省鄂州市的峒山村，地处梁子湖环湖区域，是典型的南方水网型村落，也是南方水网区水体清洁型现代生态农业示范基地建设试点之一。峒山村采用的是稻、湘莲、虾互助共生的种养模式，利用水稻种植闲置期开展小龙虾养殖，每亩投放 $5\sim10\ kg$ 虾苗，一方面小龙虾为稻田疏松土壤、清除杂草和害虫幼卵，其排泄物为水稻生长提供营养；另一方面，稻田为小龙虾提供充足的水分和栖息活动场所，水稻秸秆还田沤腐后，为小龙虾提供天然的饵料。这种"一水两用，一田双收"的种养方式，既能从源头上改善农田水质，又能提高农产品的质量效益。采用这一种养方式后，峒山村的亩均纯收入能达到 $3\ 500\sim4\ 000$ 元，村民通过给村集体流转的土地打工，一年就能有4万元的收入。

该基地通过实施综合种养措施，以及配套生态拦截沟渠、人工湿地塘等水循环处理措施，根据连续监测数据显示，稻田化肥使用量下降30%以上，农药使用量下降70%以上，从源头上控制农业面源污染，有效提升了末端入河湖水体水质。

同样是水资源的综合利用，南方水网区的重点在于治理水环境，而对北方干旱地区来说，水资源稀缺成了制约农业发展的重要因素。在甘肃金昌市金川区古城村的现代生态农业示范基地，工程节水技术与农艺节水措施在这里被发挥得淋漓尽致。从经济作物的膜下滴灌、根区导灌、低压管灌到果树的根区导管灌溉方式，再到粮食作物的低压管灌方式，精准灌溉是节水农业的主要特点。通过使用地膜综合发挥保墒、集雨、节水、增产等多重效果，还采用灰枣套种蔬菜、鲜食葡萄套种蔬菜、麦后复种娃娃菜、糯玉米套种西瓜等间种套作技术，提高农田生物多样性，改善农田生态环境。

📖 **拓展阅读**

"四位一体"生态模式

　　"四位一体"生态模式是利用沼气能的生态模式，在我国北方农村比较常见。在农户的田地或庭院里建造太阳能温室，种植蔬菜、水果等农产品；温室一端的地下建造沼气池，沼气池上建猪舍和厕所。这是我国技术人员通过多年探索与创新总结出来的适应我国北方寒冷冬季的生态农业模式。我国北方冬季温度过低，沼气池运行困难，且容易造成池体损坏。这种生态农业模式将猪舍和沼气池建在太阳能温室大棚内，可以保证沼气池的温度，解决北方冬季沼气池运作难的问题，猪舍与温室有透气孔连接，猪呼出的大量二氧化碳可以增加太阳能温室二氧化碳浓度，促进温室蔬菜瓜果生长。

　　整个"四位一体"生态农业模式，以沼气能和太阳能为能源，形成一个良性的生态循环系统，将养殖业和种植业有效结合起来，不仅能够起到减少污染、保护环境的作用，而且提高了农业生产效益，促进农民增收。

6.3.3 看——智慧农业领域

　　进入21世纪以来，随着现代信息技术的快速发展和向农业领域的渗透，农业正在被互联网、大数据、人工智能等新科技进行重构和升级，信息化成为农业现代化的制高点，智能化成为驱动农业现代化的先导力量。智慧农业是农业生产的高级阶段，是集成应用计算机与网络技术、大数据、云计算和物联网技术等，依托部署在农业生产现场的各种传感节点（环境温湿度、土壤水分、二氧化碳、图像等）和无线通信网络实现农业生产环境的智能感知、智能预警、智能决策、智能分析、专家在线指导，为农业生产提供精准化种植、可视化管理、智能化决策。智慧农业使传统农业更具有"智慧"，是农业发展的新阶段、新模式和新业态，不仅在农业生产领域，在农业电子商务、食品溯源防伪、农业休闲旅游、农业信息服务等方面都有非常重要的应用价值。智慧农业通过生产领域的智能化、经营领域的差异性以及服务领域的全方位信息服务，推动农业产业链改造升级，实现农业精细化、高效化与绿色化，保障农产品安全、农业竞争力提升和农业可持续发展：一是可以实现传统农业在生产领域的智能决策、自动控制与精准管理，使农业生产更加科学、要素利用率更加高效；二是在农业经营领域可以拓宽信息渠道与流通渠道，提供个性化服务，使传统农业的产、供、销更加紧密，有效解决信息不对称问题；三是借助云计算和农业大数据可以在农业服务领域提供精确、动态、科学的全方位信息服务，提高农业生产管理决策水平，推进农业管理数字化和现代化，提升农业管理效能。加快发展智慧农业领域科技创新，推进农业全过程的数字化、网络化、智能化改造，将有利于推动农业发展的质量变革、效率变革和动力变革。

从2012年开始，在中央一号文件中，多次提及精准农业、智慧农业等关键词，体现了国家对我国智慧农业发展的重视程度。农业农村部相继印发了《"十三五"全国农业农村信息化发展规划》和《"互联网+"现代农业三年行动实施方案》等文件，实施了信息进村入户工程、农业物联网区域试验工程、数字农业建设试点、国家现代农业产业园建设和农业特色互联网小镇试点建设等一系列的政策，推动了我国智慧农业不断向前发展。在实践应用领域，智慧农业主要用于我国农业产业链中的农业生产和农产品流通两个环节。在农业生产中，利用大数据、人工智能、物联网、移动互联等创新技术的应用，可以实时监测农作物生长状况，包括施肥、虫害、除草以及根据农作物的长势对产量进行预测等；在农产品流通环节，可以利用大数据、电子商务等技术进行电子物流、智能仓储，根据消费者行为习惯进行精准匹配等。

（1）农业物联网技术。

农业是物联网技术的重点应用领域之一。运用传感器等各类感知技术，实时获取农业现场信息，通过各类网络传输，将信息融合处理并通过农业作业终端实现最优化的精准作业与控制。农业物联网技术主要包括感知技术、传输技

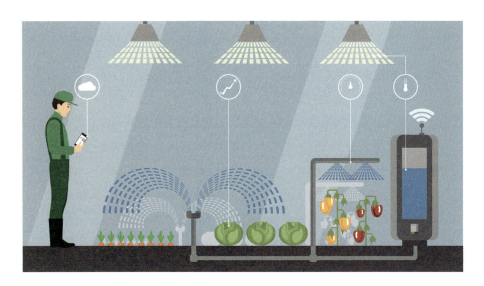

术和处理技术等。感知技术主要包括各类传感器及节点技术、全球定位系统技术和条形码技术等，实现对土壤水分、环境温湿度、家禽水产健康状况等信息的采集功能，是农业物联网的关键技术；传输技术主要为无线和有线传感网络技术以及移动通信技术；处理技术包括云计算、云服务和模块决策等，将采集的数据信息转化，利用控制模型和策略实现对相关农业设施的智能控制。例如在温室大棚控制系统中，运用物联网系统的温度传感器、湿度传感器、pH传感器、光照度传感器、二氧化碳传感器等设备，实时采集环境中的温度、相对湿度、pH、光照强度、土壤养分、二氧化碳浓度等数据；将数据通过移动通讯网络传输给服务管理平台，由服务管理平台对数据进行分析处理后，实现如打开水龙头、关闭灯光、自动施肥等智能管理。

（2）农业大数据技术。

2020年中央一号文件提出，依托现有资源建设农业农村大数据中心，加快物联网、大数据、区块链、人工智能、第五代移动通信网络、智慧气象等现代信息技术在农业领域的应用。麦肯锡全球研究所给出的"大数据"（Big Data）定义是：一种规模大到在获取、存储、管理、分析方面大大超出了传统数据库软件工具能力范围的数据集合，具有海量的数据规模、快速的

案例

加拿大农业大数据应用案例

加拿大位于北美洲最北端，属高纬度地区，气候寒冷，可耕地面积达10亿亩，是世界上农业最发达、农业竞争力最强的国家之一。

在加拿大萨斯喀彻温省中部城市Battleford的南部，农场主Trevor Scherman的土地面积达4 400英亩。管理这么大农场的一切要素就是效率。Scherman的智能手机上有个Farmers Edge公司开发的App，让他能够接触到在10年前难以想象到的一系列数据和管理工具。

Farmers Edge从Scherman的农场和附近5个农场的3个气象站收集数据，这些数据会让Scherman知道会不会有风吹来而影响农药喷洒。这个App中还有田地的网格地图，从卫星图像中提取的精确信息会与网格上每个方格的土壤样本对应起来。

所有这些信息都在Farmers Edge构建的一个预测模型中，包含着从加拿大西部5 000万英亩土地上收集而来的数据。然后数据会告诉Scherman的自主驾驶拖拉机，每个方格需要多少种子和肥料。当然，App还会帮他安排农场工人的日程，追踪他的财务状况等。

在作为Farmers Edge用户的7年里，他亲眼目睹了自己在投入上的减少和收入上的增加。现在他花同样的投入，能获得更多产出，而且节省大量时间和省却了大量令人头疼的麻烦事。这就是大数据在农田里的应用，而且也在整个耕种领域中迅速扩散。

Farmers Edge由曼尼托巴省的两位农学家创建于2005年，总部位于该省省会温尼伯。现在它正利用来自硅谷的资金，以"硅谷速度"快速发展着。三年前，有60万英亩的农用在使用Farmers Edge公司的App和数据，而现在这个数字是600万英亩。而且它也在澳大利亚、巴西和东欧找到了新的增长点。

数据流转、多样的数据类型和价值密度低四大特征。农业大数据是大数据理念、技术和方法在农业的实践。根据农业的产业链条划分，农业大数据主要集中在农业环境与资源、农业生产、农业市场和农业管理等领域，是跨行业、跨专业、跨业务的数据分析与挖掘，以及数据可视化。实现农业大数据的过程与信息化密不可分。农业大数据的技术体系包括大数据的采集与预处理技术、大数据存储与管理技术、大数据计算模式与系统、大数据分析与挖掘技术、大数据可视化分析技术及大数据安全技术等。随着计算机技术和网络技术的不断发展，农业生产活动中的信息化、数字化水平将会不断提高，对大规模多源异构农业数据进行采集、清洗、存储、挖掘，用于农业智能与精准决策将变得日趋重要。

（3）农业机器人技术。

随着大数据及数字农业的兴起，人们开始转向寻求智能化精准农业技术，拥有先进人工智能（AI）技术和内置分析系统的机器人正被广泛应用于各种农业领域，能够代替人力，不断降低农业生产劳动强度的同时，还可大幅度提高劳动效率，帮助解决目前许多国家面对的劳动力稀缺难题。除了农业无人机和GPS驱动的智能拖拉机外，挤奶机器人、喷灌机器人、除草机器人、采摘机器人、分拣机器人、嫁接机器人、修剪机器人等也应运而生。农业机器人是一种机器，是机器人在农业生产中的运用，是一种以农业产品为具体操作对象的，拥有具体的感知以及活动功能，能够重复编程和应用的自动化或者半自动化的农业机械。在技术上，随着云计算、大数据和人工智能等新一代信息技术与农业技术的深度融合，导航、定位、识别、作业等智能机器人技术和装备将逐渐应用于农业。农业机器人相关技术研究主要集中于作业对象识别和定位算法优化，导航和路径规划算法优化，以及对作业对象的分选与监测研究等。展望未来，包括深度学习、新材料、人机共融、触觉反馈等新技术将加速在农业机器人中的应用。建立更加庞大的、宏观的、虚拟的、战略性的农业机器人系统，实现无人农场，将极大解放劳动生产力，提高劳动效率。

📺 拓展阅读

加快农业人工智能应用 实施农业机器人发展战略

2020年1月20日，农业农村部、中央网络安全和信息化委员会办公室印发《数字农业农村发展规划（2019—2025年）》。其中提到，要加快农业人工智能研发应用，实施农业机器人发展战略，研发适应性强、性价比高、智能决策的新一代农业机器人，加快标准化、产业化发展。开展核心关键技术和产品攻关，重点攻克运动控制、位置感知、机械手控制等关键技术。

🔊 声音

智慧农业论

智慧农业是以信息和知识为核心要素，通过将互联网、物联网、大数据、云计算、人工智能等现代信息技术与农业深度融合，实现农业信息感知、定量决策、智能控制、精准投入、个性化服务的全新的农业生产方式，是农业信息化发展从数字化到网络化再到智能化的高级阶段。现代农业有三大科技要素：品种是核心，设施装备是支撑，信息技术是质量水平提升的手段。智慧农业完美融合了以上三大科技要素，对农业发展具有里程碑意义。

——中国工程院院士　赵春江

智慧农业是将智慧思维和信息技术、计算机技术以及其他先进科学技术相结合以实现农业可持续发展，目的是实现产量更高、质量更好、成本更低、环境污染更少。智慧农业至少应包含智慧感知、智慧生产、智慧管理三个关键词。

——中国工程院院士　罗锡文

案例

看智慧农业"土中生金"

一座单体蔬菜大棚占地105亩？没错。2017年10月份，投资1.7亿元的凯盛浩丰德州智慧农业产业园在临邑建成投产。这座智慧农业大棚年产高品质蔬菜5 100吨，经济效益是传统农业大棚的几十倍。这里处处涌动着现代农业与高科技深度融合的气息：温控系统提供舒适的恒温环境，幕帘系统提供充足的光照环境，滴灌系统提供高能营养。"这实际上是一座农业工厂，我们用工业化、信息化手段来做农业，采用全自动化设施，像工业流水线一样生产蔬菜。智能化管理、工厂化生产，彻底颠覆了传统农业的种植模式。"凯盛浩丰（德州）智慧农业有限公司总经理马铁军告诉记者，大棚内设有多个传感器，负责收集温湿度、土壤水分、二氧化碳等各种数据，并传输到控制室电脑系统中，对比此前人工预设的植物最佳生长参数，智能温室控制系统就能自动控制幕布启闭、喷雾系统开关等，从而调节大棚内的温度、光照、湿度等。在蔬菜的不同生长阶段及温度、光照变化下，按需定制出不同蔬菜的"营养餐"，保证蔬菜始终处于最佳生长状态。

传统农业大棚的土地净利用率只有46%，但这里却可以超过90%。记者看到，在大棚的几个罐子里面，分别装着回收来的雨水、废液等，它们经过反渗透膜过滤之后，可以用作大棚的灌溉水源。为解决给蔬菜授粉的难题，他们还专门引进了昆虫"外援"——熊蜂。"熊蜂授粉比激素点花省工省力，一箱熊蜂可以授粉一亩半西红柿，省了很多劳动力；同时，熊蜂授粉的果实比较饱满，在这种环境下生产出的番茄，每串能卖到12元钱，很多人说能吃出小时候的味道。"马铁军说。

参考文献

陈慈，陈俊红，龚晶，等，2018．农业新产业新业态的特征、类型与作用 [J]．农业经济（01）：5-7．

陈阜，赵明，2018．作物栽培与耕作学科发展 [J]．农学学报，83（01）：56-60．

陈景帅，2019．农业机器人的主要应用领域和关键技术 [J]．电子技术与软件工程（17）：90-91．

陈军民，2012．农业科技革命发展的五大趋势 [J]．农村经济与科技，23（12）：31-32．

陈萌山，2014．加快体制机制创新 提升农业科技对现代农业发展的支撑能力 [J]．农业经济问题，35（10）：4-7．

陈萌山，2017．以科技创新引领现代农业发展 [J]．黑龙江粮食（04）：30-31．

陈萌山，2018．实施乡村振兴战略要重视科技引领 [J]．中国经贸导刊（09）：28．

陈文胜，2014．资源环境约束下中国农业发展的多目标转型 [J]．农村经济（12）：3-9．

陈永红，周云龙，等，2018．中国种业企业竞争力现状与特点 [J]．浙江农业科学，59（7）：1077-1081．

戴小枫，梅方权，1998．农业科技革命的特点与规律——兼论我国新农业科技革命的必然性 [J]．中国农学通报（01）：17-19．

杜志雄，肖卫东，2019．中国农业发展 70 年：成就、经验、未来思路与对策 [J]．中国经济学人（英文版）（1）：2-33．

高泽敏，2017．提升农业科技创新能力重在体制机制 [J]．农村．农业．农民（B版）（04）：48-49．

韩俊，2015．新常态下如何加快转变农业发展方式［J］．中国发展观察（01）：18-19．

韩俊，2017．农村新产业新业态，一次新的"异军突起"［J］．农村工作通讯（20）：46．

韩长赋，2019．新中国农业发展70年［M］．北京：中国农业出版社．

何传新，2013．国外可持续农业发展模式［J］．湖南农业（07）：38．

洪丙全，2017．我国生物肥料研究与应用进展［J］．植物营养与肥料学报，23（6）：1602-1613．

胡瑞法，王玉光，蔡金阳，等，2016．中国农业生物技术的研发能力、存在问题及改革建议［J］．中国软科学（7）：27-32．

贾敬敦，何荣海，魏珣，等，2012．我国农业前沿技术及新兴产业发展现状与应对建议［J］．中国农业科技导报，14（5）：1-6．

蒋高中，明俊超，2012．现阶段我国鱼类育种与苗种培育技术成就及发展趋势［J］．广东海洋大学学报，32（3）：94-98．

蒋和平，2018．改革开放四十年来我国农业农村现代化发展与未来发展思路［J］．农业经济问题（8）：66-70．

解沛，林克剑，李世贵，2016．中国农业科学院基础研究发展态势与对策研究［J］．农业科研经济管理（1）：12-16．

李慧．中国种业突破重围，靠什么［N］．光明日报，2018-04-11（10）．

李家洋，2012．为了希望的田野——大力加强农业科技创新为农业持续稳定发展注入强劲动力［J］．求是（07）：54-56．

李家洋，2015．为农业插上科技的翅膀［J］．求是（03）：45-47．

李克强，2015．以改革创新为动力加快推进农业现代化［J］．求是（04）：3-10．

李丽莎，2012．农业科技创新体系综述［J］．安徽农业科学，40（09）：5722-5724+5726．

李丽颖，2017．现代农业的强力引擎——党的十八大以来农业科技创新发展综述 [N]．农民日报，09-19 (01)．

刘冬梅，李俊杰，2013．美国大学农业技术推广体系对我国的启示 [N]．中国科学报，06-24 (8)．

刘桂平，周永春，方炎，等，2006．我国农业污染的现状及应对建议 [J]．国际技术经济研究 (04)：17-21．

骆世明，2010．论生态农业的技术体系 [J]．中国生态农业学报，18 (3)：453-457．

毛烨，王坤，唐春根，等，2016．国内外现代化农业中物联网技术应用实践分析 [J]．江苏农业科学，44 (04)：412-414．

孟洪，李仕宝，2016．新常态下促进农业科技成果转化对策研究 [J]．农业科技管理 (3)：57-60．

莫志超，2018．2018年国家良种重大科研联合攻关部署会强调 理清思路 找准目标 深入推进四大作物和特色作物良种联合攻关 [N]．农民日报，3-29 (1)．

钱福良，2017．中国现代农业科技创新体系问题与重构 [J]．农业经济 (01)：38-40．

时允昌，2014．现代农业产业技术体系创新评估研究 [M]．北京：中国农业大学出版社．

孙康康，张建民，2019．动物疫病防治发展成就与未来发展的思考 [J]．中国农村科技 (9)：21-23．

田胜平，秦德辉，肖金平，等．2016．我国农业科技投入存在的问题与机制创新 [J]．中国农业信息 (02)：3-4．

万宝瑞，2012．实现农业科技创新的关键要抓好五大转变 [J]．农业经济问题 (10)：4-7．

王栋，陈源泉，李道亮，等，2018．农业领域若干颠覆性技术初探 [J]．中国工程科学 (6)：57-63．

王敬华，钟春艳，2012．加快农业科技成果转化 促进农业发展方式转变 [J]．农业现代化研究（2）：195-198．

王儒敬，2013．我国农业信息化发展的瓶颈与应对策略思考 [J]．中国科学院院刊，28（3）：337-343．

吴孔明，2014．深化农业科技创新 培育顶天立地人才 [J]．中国高等教育（05）：21-23．

西奥多·W．舒尔茨，2006．改造传统农业 [M]．梁小民，译．北京：商务印书馆．

辛霁虹，王大庆，2018．农业科技发展比较分析 [J]．农场经济管理（08）：11-16．

薛亮，2016，当前农业创新发展的几个问题 [J]．农业经济问题（5）：4-7．

薛亮，梅旭荣，王济民，等，2013．后金融危机时期中国农业科技发展若干问题的思考——掌握农业科技竞争主动权，迎接新 轮的世界科技革命 [J]．中国农业科学，46（13）：2821-2832．

杨筠桦，2018．欧洲低碳农业发展政策的实践经验及对中国的启示 [J]．世界农业（02）：67-72．

杨路，胡小品，2016．我国出口农产品农药残留超标的原因及策略选择 [J]．对外经贸实务（10）：50-53．

佚名,2017.《"十三五"农业农村科技创新专项规划》解读 [J]．农业工程技术，37（18）：28-29．

佚名，2018．为农业农村现代化提供强有力的科技支撑——十九大新闻中心举行"农业科技创新"集体采访 [J]．农民科技培训（02）：6-7．

袁海，2016．我国农业科技创新体系研究综述 [J]．农业科技与信息（29）：26-27．

袁平红，2012．低碳农业发展的国际经验及对中国的启示 [J]．经济问题探索（08）：158-164．

张红宇，2019．乡村振兴背景下的现代农业发展［J］．求索（01）：117-124．

张江丽，董文琦，杜晓东，等，2015．我国作物遗传育种学科的发展现状与"十三五"发展重点［J］．河北农业科学（6）：66-70．

张亦工，王梅等，2018．农业科技资源配置效率评价及提升对策研究——以湖北省为例［J］．山东财经大学学报（1）：105-112．

郑江波，崔和瑞，2009．中外农业科技成果转化的推广模式比较及借鉴［J］．科技进步与对策（1）：14-16．

中国农业科学院科技管理局，中国农业科学院农业信息研究所，科睿唯安，2018．2017全球农业研究前沿分析解读［M］．北京：中国农业科学技术出版社．

中华人民共和国科学技术部，2018．中国科学技术发展报告（2017）［M］．北京：科学技术文献出版社．

周洪文，2001．农业新技术革命对国家发展的影响［J］．农业技术经济（01）：22-26．

周曙东主编，2012．农业技术经济学［M］．5版．北京：中国农业出版社．

朱道华，2002．朱道华文集［M］．北京：中国农业出版社．

左停，旷宗仁，高晓巍，2015．中国农业科技创新发展研究［M］．北京：中国农业大学出版社．

农业农村部科技教育司，2018．中国农业农村科技发展报告（2012—2017）．

中国农学会，中国农业科技管理研究会，2018．2017年中国农业农村新技术、新产品和新装备．